AF190832

Kaiser Ludwig IV.

Analyse eines verhängnisvollen Herrschers

von Rolf Helfert

vierte Neuauflage

2026

Inhalt

1

2

1. Einleitung

„Was mag wohl die Ursache sein", fragte Georg Christoph Lichtenberg etwa 1775, dass wir in Deutschland „so wenig recht gute Geschichtsschreiber haben"? Im Grunde hätten die Deutschen „bis jetzt noch keinen Geschichtsschreiber" hervorgebracht. Zwar gebe es zahlreiche penibel arbeitende Chronisten, die aber in eine „oft unausstehliche Weitschweifigkeit" verfallen. „Sie nehmen das Detail in einem unrechten Verstand"; es gelingt ihnen nicht, „die Sachen zusammenzubringen und dann stark und gut zu sagen".

Deutsche Historiker, bemängelt Lichtenberg, arbeiten pedantisch und vernachlässigen die Analyse. Der Grund hierfür liege nicht nur in einseitig ausgebildeter „Geisteskraft". Vor allem bemühen sie sich um „Gefälligkeit gegen die Großen", sagen „das meiste einschläfernd unmaßgeblich und feig unvorgreiflich" (G. Ch. Lichtenberg, 86f.) [1]. Tief beugen sie ihr Haupt vor der Obrigkeit [2].

An Lichtenbergs Kritik musste der Verfasser dieser Zeilen denken, während er die Ära Kaiser Ludwigs IV. bear-

---

[1] Vgl. zu den in Klammern gesetzten Angaben das unten beigefügte Verzeichnis der Literatur.
[2] Zur traurigen Berühmtheit avancierte der Historiker Jacob Paul von Gundling (1673-1731). Auf Befehl des preußischen Königs Friedrich Wilhelm I. mimte er den Hofnarren.

beitete und Studien deutscher Historiker las. Ludwig IV., auch Ludwig „der Bayer" genannt, regierte von 1314 bis 1347. In diese Zeit fällt der letzte große Kampf zwischen Kaisertum und Papstkirche. Eine Tragödie endete, welche die mittelterliche deutsche Geschichte bestimmt hatte.

Als Ludwig 1346 abgesetzt wurde, dominierten in Deutschland endgültig die Fürsten. Besiegelt war eine territorialstaatliche Zersplitterung, die bis ins 19. Jahrhundert andauerte.

Ludwigs staatsmännisches Versagen herauszuarbeiten und zu analysieren, ist das zentrale Anliegen dieses kleinen Beitrags. Laien soll das Verständnis deutscher Geschichte erleichtert werden. Keinesfalls möchte ich die gesamte Ära Ludwigs IV. darlegen. Aber die in Deutschland oft vernachlässigte Geschichte der `Staatskunst` ist meines Erachtens die Kerndisziplin der Historiografie.

Deutsche Historiker haben Ludwig IV. zu unkritisch betrachtet. Das politische Debakel, welches er verursachte, wurde nicht erkannt, geschweige interpretiert. „Die Sachen", wie es Lichtenberg ausdrückte, analysierten unsere Historiker zu wenig und erwiesen der damaligen Obrigkeit zu großen Respekt.

Alle Fakten, die ich erwähne, stammen aus der Sekundärliteratur. Analyse und Interpretation unterscheiden sich von der bisherigen Geschichtsschreibung.

2. Die Anfänge

2.1 Kindheit und Jugend

Das Geburtsdatum Ludwigs ist nicht bekannt. Vermutet wird, dass Ludwig 1282 geboren wurde. Sein Vater war Ludwig II., der Strenge (1229-1294), Herzog von Oberbayern und Pfalzgraf bei Rhein. Ludwig II. war in dritter Ehe mit Mechthild von Habsburg verheiratet, die ihm zwei Söhne gebar: Rudolf I. (1274-1319) und Ludwig. Im Jahr 1273 war Ludwig II. an der Königserhebung Rudolfs von Habsburg beteiligt und heiratete daraufhin Mechthild.

Über die Kindheit und Jugend Ludwigs weiß man wenig. In jungen Jahren wuchs er am Hof Herzog Albrechts auf, Sohn des Rudolf von Habsburg, und lernte dabei seinen später jahrelang bekämpften Vetter Friedrich den Schönen kennen.

1294 starb Ludwig II., der bestimmt hatte, dass Rudolf I. und Ludwig die Pfalzgrafschaft und Oberbayern gemeinsam regieren sollten. Faktisch regierte anfangs nur Rudolf; ein Konflikt begann, der bis zum Tode des Pfalzgrafen 1319 die wittelsbachische Dynastie prägte.

Als Nachfolger des Habsburgers Rudolf wurde Adolf von Nassau 1291 zum König erhoben. 1298 bestieg der Habsburger Albrecht I. als Gegenkönig den Thron. In diesem Streit unterstützte Herzog Rudolf I. den bisherigen König Adolf, während Ludwig die Gegenseite förderte. Nachdem sich Albrecht I. im Thronstreit durchgesetzt hatte, wurde Rudolf gezwungen, Ludwig gleichberechtigt an der Regierung zu beteiligen.

Nach der Ermordung Albrechts I. wählten die Kurfürsten 1308 den Luxemburger Heinrich VII. zum neuen König. Rudolf I. und vermutlich auch Ludwig nahmen an der Wahl teil. Seither gerieten die Brüder noch häufiger in Streit. Rudolf, der sich mit den Luxemburgern zu verbünden gedachte, bedrängte Ludwig in Oberbayern, das 1310 auf Initiative Ludwigs unter ihnen geteilt wurde. Dennoch bekriegten die beiden einander drei Jahre lang. Seit 1313 regierten sie wieder gemeinsam, blieben aber verfeindet.

Bereits 1308 hatte Ludwig eine Tochter des piastischen Herzogs Bolko I., Beatrix von Schlesien-Schweidnitz, geheiratet und somit eine dynastische Verbindung zu Niederbayern hergestellt, denn der niederbayerische Herzog Stephan I. war mit der Schwester von Beatrix, Judith, verheiratet. Ludwig erhielt sogar das Vormundschaftsrecht über die Kinder Stephans und seines Bruders Herzog Otto III. Nach dem Tod Stephans (1310) und Ottos (1312) regierte Ludwig Niederbayern als Vormund der Herzogskinder. Darunter war Ottos Sohn Heinrich IV.

Doch suchten die Mütter der Kinder Schutz bei ihren habsburgischen Verwandten und übertrugen Friedrich dem Schönen die Vormundschaft. Ludwig aber besiegte im November 1313 in der Schlacht bei Gammelsdorf nahe Landshut Friedrich und ebnete den Weg zu seiner Königswahl. Im Südosten des Reiches konkurrierten Habsburger, Luxemburger und Wittelsbacher gegeneinander. Dauerhaft vermochte sich keine Dynastie durchzusetzen. Zwischen 1313 und 1319 bekamen Ludwig und Beatrix sechs Kinder.

2.2 Von der ersten zur zweiten Doppelwahl

1312 hatte es nach 62 Jahren mit dem Luxemburger Heinrich VII. erstmals wieder einen gekrönten römischen Kaiser gegeben. Im Grunde war dieses Kaisertum ein historischer Anachronismus. Der Romzug Kaiser Heinrichs VII. währte von 1310 bis 1313 und endete mit einem völligen Debakel. Weder gelang es, rebellische oberitalienische Städte niederzuwerfen noch König Robert von Neapel zu dominieren. Seine angemaßten römisch-imperialen Herrschaftsgelüste konnte Heinrich VII. nicht realisieren. Der Kaiser starb 1313 nahe Siena.

Ludwig nahm als Herzog von Oberbayern zeitweise an Heinrichs verheerendem Romzug teil und verließ Italien nach der Zerstörung Brescias Ende 1311.

Des Kaisers Rompolitik hatten deutsche Kurfürsten unterstützt, weil sie Heinrich VII., solange er jenseits der Alpen Krieg führte, in Deutschland nicht störte. Nach Heinrichs Tod suchten die Kurfürsten einen Thronkandidaten, der wenig Hausmacht besaß, aber den trügerischen Glanz der Kaiserkrone begehrte. Folglich verkörperten die Kurfürsten und Fürsten gerade nicht, wie Michael Menzel behauptet, die „Säulen des Staatswesens" (M. Menzel, Zeit, 154). Vielmehr zerstörten sie, die nur die eigene Macht interessierte, vorsätzlich und systematisch das deutsche Staatswohl.

Zunächst betonten die Kurfürsten ihr alleiniges Recht, den römisch-deutschen König zu wählen. Der Versuch Philipps IV. von Frankreich, seinen Sohn Karl mit Unterstützung des Papstes Clemens V. auf den deutschen Königsthron zu bringen, scheiterte. Philipp und Clemens starben 1314.

Wen sollten die Kurfürsten zum neuen König bestimmen? Am ehesten bevorzugten sie jemanden wie Heinrich VII. Menzel nennt ihn, der in Italien kläglichen Schiffbruch erlitt, einen „vorzüglichen Herrscher" (M. Menzel, Zeit, 154). Theoretisch lag es nahe, Heinrichs Sohn, König Johann von Böhmen, zum Nachfolger zu bestimmen. Dann allerdings wäre der Thron im Besitz der gleichen Dynastie geblieben. Ein Gewohnheitsrecht hätte entstehen können, das die Kurfürsten nicht akzeptierten.

Auch Friedrich der Schöne kam in Frage. Wählte man ihn, war der Gefahr zu begegnen, dass die Habsburger einen anderen Monarchen ablehnten. Kölns Erzbischof Heinrich von Virneburg, der eine dauerhafte luxemburgische Königsdynastie ablehnte, zumal Johann bereits Böhmen regierte, unterstützte Friedrich.

Der Mainzer Kurfürst Peter von Aspelt wollte jedoch Friedrich, Sohn Albrechts I., den er bekämpft hatte, nicht zum König wählen. Ebenfalls antihabsburgisch eingestellt war der luxemburgische Kurfürst Balduin von Trier. Der Pfalzgraf bei Rhein, Ludwigs Bruder Rudolf I., besaß die wichtigste weltliche Kurstimme. Erneut mit Ludwig zerstritten, wählte er dessen Rivalen Friedrich.

Im Juni 1314 fand in Rhens die Königswahl statt. Schon lange kämpfte Johann gegen Herzog Heinrich von Kärnten, der Böhmens Krone beanspruchte und nun mit seiner vermeintlichen Kurstimme Friedrich den Schönen wählte. Köln, Trier, der Pfalzgraf und Sachsen-Wittenberg votierten für Friedrich, Sachsen-Lauenburg, das mit Sachsen-Wittenberg über die Wahrnehmung der Kurwürde zankte, wählten ebenso wie König Johann, Markgraf Waldemar von Brandenburg und Mainz den Luxemburger. Insgesamt wurden also neun Kurstimmen abgegeben, wobei Johann vier und Friedrich fünf Stimmen erhielt.

Damals war die Königswahl rechtlich noch nicht festgelegt wie später in der Goldenen Bulle. Beide Kandidaten beanspruchten, der legitime König zu sein. Aufgrund dieser Pattsituation überredeten die Kurfürsten von Mainz und Trier König Johann, seine Kandidatur niederzulegen. Ein Sieg Friedrichs hätte bedeutet, dass Johann die böhmische Krone an Heinrich von Kärnten verlor, weil Österreich Heinrich unterstützte. In seinem eigenen Interesse entschied sich Johann notgedrungen für Ludwig. Nun fand eine zweite Königswahl statt.

Ludwigs Sieg bei Gammelsdorf hatte eine neue Situation geschaffen. Der antihabsburgische Teil der Kurfürsten zog Ludwig als Thronkandidaten in Betracht. Peter von Aspelt und Balduin von Trier hielten Herzog Ludwig, der bereits Anfang 1314 Interesse an der Königskrone bekundet hatte, für den besten antihabsburgischen Bewerber. Dass Ludwig und Pfalzgraf Rudolf zerstritten waren, kam Ludwigs Wählern, die einen schwachen König bevorzugten, durchaus gelegen.

Selbstverständlich widersprach ein ineffektives Königtum dem deutschen Gesamtwohl. Die Kurfürsten von Mainz und Trier belohnte Ludwig mit Geld, Landgütern, Lehen und Souveränitätsrechten. Später kam auch der Kölner Erzbischof in den Genuss solcher Privilegien. Systematisch ruinierten die Kurfürsten die ohnehin schwach entwickelte deutsche Staatsidee. Dennoch missversteht der Historiker Menzel die Obstruktion der Oligarchen als Politik des „Gleichgewichts" (M. Menzel, Zeit, 188). Ludwig wiederum nutzte seine Königserhebung, wie noch gezeigt wird, um die eigene Dynastie zu fördern.

Neben Mainz und Trier unterstützten auch Markgraf Waldemar von Brandenburg, Johann II. von Sachsen-Lauenburg und Johann von Böhmen den Wittelsbacher. Aber Köln, die Kurpfalz mit Ludwigs Bruder Rudolf, Heinrich von Kärnten und Rudolf I. von Sachsen-Wittenberg standen auf der Seite des Habsburgers. Es kam zu einer Doppelwahl; bei Frankfurt wurden am 19. Oktober Friedrich und am 20. Oktober 1314 Ludwig jeweils zum König gewählt. Ludwig hatte zwar eine Stimme mehr erhalten, aber faktisch war die Pattsituation nicht bereinigt.

3. Der Thronstreit

Das Debakel um die zweifache Königswahl hatte die Eigensucht der Kurfürsten bloßgestellt. Sie vermengten die Tyrannis mit der Anarchie und verachteten das Wohl der Untertanen. Vermutlich hätte ein Reichstag die Thronfolge effektiver geregelt. Als Folge der desolat-chaotischen Reichsverfassung, die nie funktionierte, drohte nun ein Bürgerkrieg.

Welcher der beiden Anwärter über die notwendige Legitimität verfügte, war rechtlich nicht festzulegen. Friedrich besaß die Reichsinsignien, aber der Krönungsort Aachen blieb ihm versperrt. In Aachen krönte nicht der zuständige Kölner Erzbischof den Wittelsbacher, sondern der Mainzer Kurfürst.

Seit dem Tod Clemens V. 1314 gab es zwei Jahre lang keinen Papst. Erst im August 1316 wählten die Kardinäle einen Nachfolger, Johannes XXII., der zunächst den deutschen Thronstreit nicht beeinflusste, aber schon bald Ludwig IV. hasserfüllt zu vernichten trachtete.

Johannes behielt sich vor, einem gewählten römisch-deutschen König, dem Anwärter auf die Kaiserkrone, eine Approbation zu erteilen, also die angemaßte päpstliche Bestätigung. Zwar hatte Ludwig 1314 der Kurie seine Königswahl angezeigt, aber nicht um Approbation ersucht. Vorläufig nutzte Johannes die ungeklärte Lage und beanspruchte, in Italien das Vikariat (Stellvertretung) auszuüben.

1320 starb der Mainzer Erzbischof Peter von Aspelt. Ihm folgte im Amt Balduin von Trier, der Ludwig gewählt hatte und nun zwei Kurfürstentümer leitete. Hierüber verärgert, ernannte Johannes XXII. einen Parteigänger Friedrichs, Matthias von Buchegg, zum Mainzer Erzbischof.

Acht lange Jahre dauerte der Krieg der beiden Könige und verheerte ganze Landschaften. In einer zeitgenössischen Chronik hieß es, dass in dieser Zeit „das römische Reich ... auf die Spitze des Schwertes gestellt" wurde (zit. nach M. Clauss, 43). Belagerungen und Scharmützel verwüsteten besonders Ludwigs bayerische Territorien. Eine große Feldschlacht fand lange Zeit nicht statt, auch weil Österreich gegen Schweizer Eidgenossen kämpfte, die Ludwig unterstützte und denen Herzog Leopold I. 1315 bei Morgarten unterlag.

Erst im September 1322 stellte sich Ludwig bei Mühldorf am Inn zur Schlacht. Der Wittelsbacher siegte, nahm Friedrich gefangen, kerkerte ihn im oberpfälzischen Trausnitz ein. Johannes XXII. jetzt um die Approbation zu bitten, erschien Ludwig unnotwendig. Ihn legitimierte, glaubte er, das Votum der kurfürstlichen Mehrheit.

4. Brandenburg und das Problem der Hausmacht

Vorerst interessierte Ludwig IV. ein anderes wichtiges Thema. 1320 war die brandenburgische Linie der Askanier im Mannesstamm erloschen. Johann von Böhmen, der Ludwig im Kampf gegen Friedrich beigestanden hatte, und zahlreiche andere Große annektierten brandenburgische Ländereien.

Nach der Mühldorfer Schlacht musste Ludwig auf Johann keine Rücksicht mehr nehmen. Im übrig gebliebenen Brandenburg sah Ludwig, verwandt mit der Mutter des letzten Askaniers, ein heimgefallenes Reichslehen. Seinen achtjährigen Sohn ernannte er 1323 als Ludwig I. zum neuen Markgrafen unter der Vormundschaft Bertholds von Henneberg. Dem Haus Wittelsbach begegnete Berthold reserviert und wurde 1327 durch Friedrich von Meißen abgelöst.

Ludwig I. konnte Brandenburg nie wirksam regieren. Der Streit des Vaters mit der Kurie belastete das Verhältnis zur brandenburgischen Geistlichkeit. Auch fehlte ihm die notwendige Unterstützung gegen die zahlreichen Feinde der Mark. Der Kaiser zog es vor, Italien zu verheeren, statt sich um ein wichtiges deutsches Territorium zu kümmern. Seit 1342 weilte Ludwig I. meistens in Bayern oder Tirol und überließ 1351 Brandenburg seinen wenig befähigten Stiefbrüdern Ludwig II. und Otto V. Schließlich übertrug Otto V. (der Faule) 1373 die Mark Brandenburg Karl IV.

Der Fall Brandenburg zeigte eine fundamentale Schwäche der Politik Ludwigs; er dachte nicht daran, das unter den Staufern verlorene Reichsgut neu zu begründen. Brandenburg erklärte er nicht zum Reichsgut, das nur der jeweiligen Königsdynastie unterstand. Die Verwaltung der Mark hätte Ludwig niederadeligen Dienstmannen und einem Statthalter anvertrauen und diese durch häufige Präsenz beaufsichtigen müssen. Freilich durfte er dann keine dynastischen Ziele verfolgen, sondern musste das Gesamtwohl des Landes berücksichtigen, wie es das Königsamt erforderte!

Aber Ludwig agierte nach der Art eines gewöhnlichen deutschen Fürsten, den nicht das Königreich interessierte, sondern der die eigene Familie bevorteilte. Auf der gleichen falschen Linie lag es, wenn er bayerische Reichsklöster der königlichen Hoheit entzog und sie seiner herzoglichen Hoheit unterstellte. Die Selbstdemontage des könig-

13

lichen Amtes zugunsten des Eigeninteresses charakterisierte Ludwigs gesamte Politik.

Vornehmlich sah Ludwig in der Königskrone eine Möglichkeit, die wittelsbachische Hausmacht zu vergrößern. Königs- und Herzogsamt trennte er nicht. Gleichzeitig galt ihm die Königskrone als Vorstufe zum römischen Kaisertum; auch hierbei vernachlässigte der Wittelsbacher eklatant das deutsche Landesinteresse [3]. Staatsmännisch versagte Ludwig nach innen und außen.

Die mögliche Annahme, dass die Idee einer deutschen Untertanenschaft dem 14. Jahrhundert fremd gewesen sei, ist leicht zu widerlegen. In Westeuropa hatte diese Denkweise bereits im Hochmittelalter kräftige Wurzeln geschlagen.

Michael Menzel schreibt, dass es Ludwig bezüglich Brandenburg „nicht um sein Haus" (M. Menzel, Zeit, 163) gegangen sei. Primär wollte er nur verhindern, dass die Mark dem Luxemburger Johann in die Hände fiel. Doch hätte Ludwig Brandenburg auch einer erbberechtigten Seitenlinie der Askanier übertragen können. Vor allem stellt Menzel gar nicht erst die Frage, ob Hausmachtpolitik das deutsche Königtum dauerhaft stabilisieren *konnte*.

Dass Ludwig nun über eine Kurstimme verfügte, nützte ihm wenig. Mittels dynastischer Hausmachtpolitik war die Übermacht der Fürsten nicht zu brechen.

---

[3] Vgl. unter anderem Kapitel 8.

Nie gelang Ludwig der gedankliche Sprung vom Herzog- zum Königtum.

5. Ludwigs großer Gegner: Johann von Böhmen

Erst 1317 hatten sich Ludwig und Pfalzgraf Rudolf ausgesöhnt, der seine Herrschaftsrechte zugunsten Ludwigs preisgab, aber die Erbansprüche seiner Söhne wahrte. Rudolf I. starb 1319; seine Frau Mechthild bekämpfte Ludwig bis zu ihrem Tod 1323. Ab jetzt unterstützten Rudolfs Söhne Ludwig, der die pfälzische Kurstimme innehatte. Erst im Hausvertrag von Pavia 1329 klärte Ludwig endgültig die Streitigkeiten [4].

Dank geschickter Heiratspolitik verbesserte der Wittelsbacher seine Aussichten. Ludwigs Tochter Mathilde heiratete 1328 Friedrich II., Landgraf von Thüringen, obwohl dieser bereits einer luxemburgischen Königstochter versprochen war.

Deutsche Fürsten, die Menzel sehr verständnisvoll beurteilt, schöpften allmählich Verdacht. Ludwig habe ihnen das Leben nicht „einfacher" gemacht (M. Menzel, Zeit, 164).

Johann von Böhmen und die Habsburger unter Herzog Leopold I. intrigierten spätestens seit 1324 mit Frankreichs König Karl IV. gegen Ludwig. Man verhandelte darüber, ob ein Valois den römisch-deutschen Königsthron besteigen sollte. Zwei machtvolle deutsche Fürsten, die weitere

---

[4] Vgl. unten Kapitel 12.1.1

Anhänger unter ihren Standesgenossen suchten, gefährdeten Ludwigs Königtum. In dieser Lage hing alles davon ab, welche staatsmännischen Entscheidungen Ludwig traf.

6. Exkurs: Historische Vorbedingungen

Bevor wir den weiteren Gang der Dinge verfolgen, möchte ich resümieren, wie die historische Situation entstanden war, die Ludwig 1314 vorfand.

Der römisch-deutsche König war viel schwächer positioniert als etwa französische oder englische Monarchen. Warum missriet in Deutschland der Aufbau der Königsmacht? Und was hätte Ludwig tun können, wollte er diese Misere überwinden?

Der Aufbau eines deutschen Königs- und frühen Nationalstaates scheiterte vor allem an der religiös motivierten Romidee. Ottonen, Salier und Staufer gedachten das Römische Reich mit dem Zentrum in Italien wiederherzustellen. Aufgrund der Kaiserkrönung Ottos I. im Jahr 962 begann jene historische Fehlentwicklung, die unter Kaiser Friedrich II. ihren schauerlichen Höhepunkt erlebte. Die Habsburger verstanden sich als Erben der Staufer. Erst auf dem Schlachtfeld von Königgrätz 1866, wo das habsburgische Kaiserhaus unterlag, erfolgte die notwendige historische Korrektur.

Das römische Kaisertum stand im logischen und sachlichen Widerspruch zum Königs- und Nationalstaat. Niemals hätte ein römischer Kaiser einen deutschen Frühnationalstaat errichten können oder wollen, ohne das Kaisertum in Frage zu stellen. Es ging also nicht nur darum, dass sich römisch-deutsche Könige, wie manchmal hervorgehoben wird, den Rücken für ihre Rompolitik freihielten und deshalb die Fürsten privilegierten. Außerdem benötigten die Könige, wollten sie in Italien erfolgreich sein, die Zustimmung und den Beistand der Fürsten.

Daher beging schon Otto I. den großen Fehler, die Ostsiedlungsgebiete nicht zur Basis des Königtums zu machen. Otto unterstellte das Ostland nicht der Verwaltung von ihm kontrollierter Dienstmannen. Dafür hätte es steter königlicher Präsenz und eines dauerhaften Verzichtes auf jegliche Rompolitik bedurft. Stattdessen wurden diese Territorien dem Hochadel ausgeliefert. Viel zu sehr stützten sich Ottonen und Salier im „Reichskirchensystem" auf den gefährlichen Klerus, der sehr bald eigene Wege ging, die nicht die des Königs waren. Den nächsten Schlag erlitt daher das Königtum während des Investiturstreites, der 1122 mit dem Wormser Konkordat endete und die königliche Verfügungsgewalt über die Kirche stark einschränkte.

Mit dem Herrschaftsantritt Friedrichs I. (Barbarossa) 1152 beschleunigte sich der Verfallsprozess der Königsmacht. Sechs Italienfahrten unternahm der Staufer, verstrickte sich in unzählige Kriegs- und Raubzüge oder politische Konflikte gegen lombardische Städte, Päpste, Stadtrömer, Normannen, Byzantiner. Friedrich I. vergeudete Kraft und Zeit. Ständig musste er befürchten, dass deutsche Adelige ins Lager seiner Feinde wechselten. Die überforderten Staufer traten Königsrechte an die Fürsten ab, damit diese stillhielten.

1156 schlichtete Friedrich einen Streit unter Fürsten und begründete das Herzogtum Österreich. Weil er einen Adeligen nicht gegen sich aufbringen wollte, erteilte Friedrich dem neuen Herzogtum im „Privilegium Minus" wichtige Herrschaftsrechte. Höchst negative Folgen zeitigte auch der Sturz Heinrichs des Löwen 1180/81. Friedrich integrierte das große welfische Territorium nicht in das Reichsgut, sondern zerstückelte es und bevorteilte den Fürstenstand.

Kaiser Friedrich II. ging noch sehr viel weiter. Im Grunde war der deutsche Reichsteil für ihn, der Italien selten verließ, eine ferne Provinz. Durch mehrere große Gesetze (Goldene Bulle von Eger 1213, das Privileg von 1220 zugunsten der geistlichen Fürsten und ein analoges Gesetz für die weltlichen Großen 1231) erhielten Deutschlands Fürsten umfangreiche Souveränitätsrechte zugesprochen. Seinen eigenen Sohn Heinrich ließ Friedrich 1235 einkerkern, denn dieser hatte das deutsche Königtum verteidigen, die Macht der Fürsten zurückdrängen und die Inquisition bekämpfen wollen. Obwohl Kaiser Friedrich Deutschland ruinierte, feiern ihn deutsche Historiker bedenkenlos als „stupor mundi".

In der Zeit des Interregnums (1250-1273) ging auch das Reichsgut fast ganz verloren. Vor allem im deutschen Südwesten eigneten sich ehemalige Ministeriale Reichsbesitz an. Seit 1273 war der deutsche König nur ein Primus unter anderen Fürsten.

Die Romidee basierte auf der biblischen Weissagung einer heilsgeschichtlichen Abfolge von vier Reichen (Daniels Traumdeutung), als deren letztes das göttliche Römische Reich galt [5]. So wurde eine ideologische Doktrin der Staatsvernunft übergeordnet – das Markenzeichen deutscher Geschichte schlechthin.

Ludwig IV. stand, als man ihn zum König wählte, vor einem Trümmerberg, den er nicht verschuldet hatte. Aber sah er das deutsche Elend wenigstens, erkannte Ludwig seine Ursachen? Oder wollte er die katastrophal gescheiterte Rompolitik der Staufer fortsetzen?

7. Der Weg in das Debakel: die Rom- und Italienpolitik

7.1 Prozesse und Appellationen

Im Dekret vom 23. Oktober 1314, das jene Fürsten unterzeichneten, die Ludwig gewählt hatten, hieß es, dass der Wittelsbacher „zur Wahl als Römischer König [benannt sei], der späterhin zum Kaiser erhoben werden soll" (zit. nach B. Schneidmüller, 369). Der Papst wurde ersucht, Ludwigs Kaiserkrönung vorzunehmen. Die Wahl zum römisch-deutschen König galt als Vorstufe zum Kaiserthron. Bemerkenswert schnell folgte Ludwig, wie es die Kurfürsten erwarteten, den Spuren Heinrichs VII. und erneuerte die Italienpolitik, ungeachtet der Tatsache, dass sein Vorgänger gescheitert war. Ludwig erstrebte „im Verbund mit den Fürsten" die Kaiserkrone (M. Menzel, Zeit, 162).

---

[5] Man darf sogar annehmen, dass die Vorstellung vom tausendjährigen römischen Gottesreich einen besonders radikalen Judenhass bedingen konnte. Den Juden wurde unterstellt, dass sie dieses Reich zerstören wollten.

19

Bereits Anfang 1315 hatte Ludwig einen Generalvikar für Italien ernannt: Jean de Beaument. 1323 beauftragte Ludwig den Grafen Berthold von Neuffen, nach Oberitalien zu gehen, die Lage zu sondieren und Ludwigs Romzug vorzubereiten. Sogleich hegte Papst Johannes XXII. Argwohn. Ludwigs Königtum [6] hatte er nicht die Approbation erteilt und wollte verhindern, dass sich der Wittelsbacher in Italien festsetzte. Kaisertreue „ghibellinische" Reichsvikare in Mailand, Verona und Ferrara, die noch Heinrich VII. eingesetzt hatte und nun Berthold von Neuffen unterstützten, belegte der Papst mit dem Kirchenbann.

Johannes XXII. hatte während des Thronstreites für keinen der Kandidaten Partei ergriffen. Der Thronstreit kam dem Papst nicht ungelegen, denn er bot ihm die Möglichkeit, Herrschaftsrechte in Italien und Deutschland zu beanspruchen. Robert von Neapel ernannte der Papst zum Reichsvikar in Italien. 1317 beanspruchte Johannes die Oberhoheit für das Reich, solange die vermeintliche Thronvakanz andauerte.

Ab dem 8. Oktober 1323 führte der Papst gegen Ludwig einen „Prozess" durch. Ludwig sollte, hieß es im Urteil, innerhalb von drei Monaten sein Königsamt aufgeben und alle Herrschaftsrechte verlieren. Widerrechtlich habe Ludwig in Italien Ämter vergeben und dortige Häretiker (die

---

[6] Umstritten war, ob der römisch-deutsche oder römische König nur für den deutschen Reichsteil oder für das gesamte römische Imperium in den damaligen Grenzen zuständig war (König im Kaiserreich). Den Kaisertitel hat Ludwig wohl als Herrschaftsauftrag für die gesamte Christenheit verstanden.

Viscontis) unterstützt. Ludwigs Anhänger bedrohte Johannes mit der Exkommunikation.

Zur Jahreswende 1323/24 antwortete Ludwig mit zwei Appellationen, in denen er die päpstlichen Vorwürfe zurückwies. Dank der Wahl durch die Mehrheit der Kurfürsten trage er die Königskrone rechtmäßig. Der Papst dürfe über ihn kein Urteil fällen; hierzu sei nur ein Konzil befugt, das Johannes einberufen möge, wenn er den Streitfall klären wolle. Keineswegs verbat sich Ludwig jegliche Einmischung der Kirche. Die notwendige scharfe Trennlinie zog er nicht und beharrte ebenso falsch auf der Kaiserkrone. Immer tiefer zog ihn die machtgierige Papstkirche in den Strudel eines unsinnigen Konflikts.

Außerdem beschuldigte Ludwig Johannes XXII. der Ketzerei. Der Papst unterdrücke die Bettelorden, besonders die Franziskaner der spiritualistischen Richtung. Dabei ging es um den sogenannten Armutsstreit zwischen der Kurie und manchen Franziskanern. Die Spiritualisten lehnten, anders als die Konventualen, Geschenke an ihren Orden sogar dann ab, wenn diese in das Eigentum der Kurie übergingen.

Ludwigs Einsprüche prallten am Herrschaftswillen der Papisten ab. Johannes sprach Ende März 1324 gegen Ludwig und seine Anhänger die Exkommunikation aus und verhängte ein Interdikt über das Reich. Ludwigs Exkommunikation nahm die Kirche nie zurück. Bis zu seinem Tod 1347 blieb Ludwig im Kirchenbann und durfte theoretisch das Königsamt nicht ausüben.

In seiner dritten Appellation vom 22. Mai 1324 bestritt Ludwig, dass Johannes, der christliche Sakramente schände, der wahre Papst sei. Johannes wolle „das Reich der Deutschen zu jeder Zeit zertreten" (zit. nach H. Thomas, 164). Im Urteil vom 11. Juli 1324 erklärte der Papst Ludwigs Königsrechte für ungültig und drohte ihm sogar den Verlust seiner Reichslehen an. So begann die letzte große und katastrophale Auseinandersetzung zwischen dem künftigen Kaiser und der Papstkirche.

Ludwig wusste, dass die Mehrheit der Kurfürsten, die ihr Wahlrecht gegen den Papst betonten, hinter ihm stand. Zwar beugte sich die Mehrheit der deutschen Erzbischöfe und Bischöfe den Urteilen aus Avignon. Balduin von Trier und bayerische Geistliche wahrten ihm jedoch die Treue. Auch die meisten Stadtbürger blieben an der Seite Ludwigs. Andererseits gab es keine leidenschaftlich-antipapistische Stimmung in der Bevölkerung.

Kurzzeitig verhandelten Johannes XXII. und der habsburgische Herzog Leopold I. Ende Juli 1324 darüber, ob Karl IV. von Frankreich zum deutschen König zu erheben sei. Erzbischof Balduin drängte Johannes, diese Pläne fallen zu lassen, die das Wahlrecht der Kurfürsten gefährdeten.

Schon vorher hatte Johann von Böhmen, dessen Schwester Maria 1322 Karl IV. heiratete, Verbindungen zum französischen Königshaus geknüpft. Johanns Sohn Wenzel, der spätere Kaiser Karl IV., ehelichte im Mai 1323 die Tochter Karls von Valois. Etwa zur gleichen Zeit erwog Johann den Gedanken, die Nachfolge Ludwigs anzutreten. Erneut geriet die Obstruktion der Häuser Luxemburg und

Habsburg in grelles Licht. Karls IV. Thronkandidatur scheiterte im September 1324 endgültig am Widerspruch Balduins von Trier und Johanns.

7.2 Fragwürdige Rückenfreiheit: der Ausgleich mit Friedrich dem Schönen

Dann beging Ludwig seinen nächsten staatsmännischen Fehler. Um den Thronstreit mit Friedrich dem Schönen zu bereinigen, vereinbarte er am 13. März 1325 die „Trausnitzer Sühne". Friedrich erhielt seine Freiheit zurück und anerkannte dafür Ludwig als König. Zudem verpflichtete sich Friedrich, dafür zu sorgen, dass auch seine Brüder, besonders Leopold I., Ludwig huldigten und ihm gegen Johannes XXII. beistanden.

Gemäß der Münchener Abmachung vom 5. September 1325 wurde Friedrich als Mitkönig eingesetzt. Ludwig und Friedrich sollten gemeinsam und einvernehmlich regieren. Falls einer von ihnen in Italien weilte, regierte der jeweils andere das übrige Reich. Schon am 1. September hatten die beiden vereinbart, dass Ludwig entscheide, ob er oder Friedrich den Romzug antreten werde.

In der gleichen Abmachung gelobten Friedrich und Ludwig, der seine widerspruchsvolle, inkonsequente, schwächliche Haltung dem Papst gegenüber offenbarte, dass sie der Kurie Gehorsam schuldeten, wobei ihnen Geistliche die Feder führten.

In Ulm vereinbarten Ludwig und Friedrich Anfang 1326, dass Friedrich in Deutschland bleibe, während er mit Herzog Leopold nach Italien gehe, wo Leopold das Reichsvikariat ausüben sollte. Jedoch starb Leopold bereits im Februar 1326. Fortan stützte sich Ludwig mehr auf die Luxemburger, obwohl diese ihm misstrauten. Dem Wittelsbacher gelang es im Grunde nie, stabile politische Verhältnisse zu schaffen.

Bisher gehörten Mitkönige der gleichen Dynastie wie die Könige an und sollten deren Thron erben. Nun vergrößerte Ludwig, dem der strategische Weitblick fehlte, die Gefahr eines nochmaligen Dynastiewechsels, der 1346/47 auch eintrat. Friedrich blieb bis zu seinem Tod 1330 König, nahm aber an der Regierung selten teil.

Das Doppelkönigtum schwächte Ludwig; er wollte sich in Deutschland für den Italienzug absichern und Beistand erhalten. Die Taktik der Rückendeckung hatte bereits in der Stauferzeit den Niedergang des Königtums wesentlich mitherbeigeführt.

Zudem verschaffte die Doppelwahl der Kurie den Vorwand, innerdeutsche Angelegenheiten zu beeinflussen (vgl. oben). Dennoch schreckt Martin Clauss in bester höfischer Tradition nicht davor zurück, Ludwig wegen des Münchener Vertrags einen großartigen „visionären Herrscher" zu nennen (M. Clauss, 48). „Königsherrschaft" habe in der Zeit Ludwigs „nicht autoritär-absolutistisch" funktioniert. Nur dann konnte Ludwig „erfolgreich herrschen", wenn er im „Konsens mit den Großen des Reiches" regierte (M. Clauss, 49).

Clauss erliegt gleich mehreren Irrtümern. Ludwig regierte *nie* und *nirgends* „erfolgreich". Jeden ernsthaften

24

Ausbau der königlichen Macht, die das Landeswohl dringend erforderte, sabotierten die Fürsten. Städte und niedere soziale Stände benötigten einen effektiven König, der ihnen Mitspracherechte im Reichstag gewährte und sie gegen die Willkür der Magnaten verteidigte. Außenpolitisch vermochten nur handlungsfähige Könige die Integrität des Landes zu schützen.

Ein tatkräftiges Königtum als „autoritär-absolutistisch" zu denunzieren und in fürstlicher Machtgier die Wahrung des politischen Gleichgewichts zu sehen, ist hinsichtlich mangelnder Urteilskraft schwer zu übertreffen. Verkannt wird ebenfalls, dass die Fürsten *innerhalb* ihrer Territorien genauso regierten, wie sie es dem König vorwarfen, bauten sie doch ihre Position stetig aus. Auf Reichsebene aber agierten die gleichen Oligarchen wie Anarchisten und blockierten jede konstruktive Politik. (Lichtenberg kritisierte deutsche Historiker wegen ihres Respekts vor den großen Herren).

Auch Schneidmüller kümmert das Zerstörungswerk der Hochadeligen nicht. Ludwig habe deren „Konsens im Kampf um die Krone, im Kampf mit der Kurie, im Kampf um die Glorie seines Hauses" benötigt (B. Schneidmüller, 376). Die zum Scheitern verurteilte Unsinnigkeit der Rompolitik, des boshaften Papstes Feindschaft, Ludwigs Abhängigkeit von den Fürsten, alles in Gang gesetzt durch den Griff nach der Kaiserkrone, ignoriert Schneidmüller völlig. Am Ende entthronten Papst und Kurfürsten Ludwig gemeinsam. Schwerlich lag „die Glorie" des Hauses Wittelsbach den Fürsten am Herzen. Ihnen ging es vor allem darum, Ludwigs Einfluss zu minimieren.

Das fatale Doppelkönigtum gilt Menzel als „erstaunliches Zeugnis konstruktiven Bewusstseins"; es garantierte „Machtbalance und verfassungsmäßige Stabilität". Ludwig erstrebte „politische Harmonie" und ermöglichte so die (offenbar notwendige und sinnvolle) „Italien- und Kaiserpolitik" (M. Menzel, Zeit, 167).

Dabei *war* die Rompolitik längst in eine Katastrophe gemündet. Etwa 300 Jahre lang liefen deutsche Könige und Kaiser wie Don Quijote gegen die immer gleiche Wand [7]. Dieser auffällig lange Zeitraum der Italienpolitik ist höchst bemerkenswert; er charakterisiert die *extreme* Realitätsferne der deutschen Denkweise seit alters her.

Der angeblich notwendige „Konsens" zwischen König und Fürsten, den deutsche Historiker beschwören, verhinderte die Schaffung eines Königs- und Nationalstaates. Fürstliche Eigensucht machte ohnehin einen dauerhaften Konsens unmöglich. Nur durch harten Kampf *gegen* die Fürsten konnte der Staatsaufbau gelingen. Ist die Fixiertheit deutscher Historiker auf einen missverstandenen „Konsens" ein Teil deutscher Unterwürfigkeit?

Zumindest langfristig lief die „Konsensherstellung mit den Fürsten" (B. Schneidmüller, 370) weit eher auf eine *Teilung* der Herrschaft hinaus. Seit dem Beginn der habsburgischen Kaiserära fand Österreich den Schwerpunkt seiner Herrschaft meistens *außerhalb* Deutschlands. Der

---

[7] Gemeint ist hier nur die Hochphase der Rompolitik von den Ottonen bis zum Interregnum. An der Romidee und ihren weltlichen Nachfolgern ist die deutsche Geschichte wiederholt gescheitert.

deutsche Reichsteil aber blieb der tyrannischen Fürsten-Anarchie ausgeliefert.

Wie erwähnt, hatte Ludwig zeitweise an Heinrichs VII. Romzug teilgenommen, sodass ihm Heinrichs Debakel vor Augen stand. Und obwohl Ludwigs Stellung in Deutschland sehr gefährdet war, folgte er Heinrichs Spuren. Hatte Ludwig bisher dynastisch-partikulare Interessen der königlichen Staatsräson übergeordnet, so opferte er nun das Königtum auf dem Altar der universalen Romidee. Der gemeinsame Nenner dieser (vermeintlichen) Gegensätze war Ludwigs deutsches, das heißt unrealistisches Denken. Ihn blendeten der irrlichternde Glanz und das falsche Prestige des Kaisertitels.

Ludwigs Rompolitik ist nicht als „Kulminationspunkt eines säkularen Konflikts oder grotesker Schattenkampf einer Spätzeit" zu erfassen (J. Miethke, 422). Sein Italienzug war der anachronistische Versuch, untragbare Zustände wiederherzustellen. Die wohl letzte Chance, einen mittelalterlichen deutschen Nationalstaat aufzubauen, wurde vertan. Aber Ludwigs staatsmännisches Versagen erkennen deutsche Historiker nicht, geschweige, dass sie es analysieren.

Heinz Thomas rechtfertigt die Italienpolitik Heinrichs VII. und Ludwigs durch einen oberflächlichen Ökonomismus. (Die wirtschaftliche Weltbetrachtung ist der Deutschen liebstes Kind). Ludwig hätte den lombardischen Städten, beispielsweise Mailand, Genua und Florenz, so umfangreiche Steuern abverlangen können, dass sie ausreichten, die „Entwicklung der Staatlichkeit" im Reich zu finanzieren (H. Thomas, 122).

27

Zum einen bleibt unklar, ob Thomas bei „Staatlichkeit" an Deutschland oder das gesamte römische Reich denkt. Seine These überzeugt schon deshalb nicht, weil kein deutscher König/Kaiser imstande war, die oberitalienischen Städte zu unterwerfen. Sogar die mächtigen Stauferkaiser hatten Italien nicht befriedet. Heinrich VII. vermochte nicht einmal Rom auf dem Landweg zu erreichen! Die italienischen Feldzüge waren mit hohen Unkosten und großem Zeitaufwand verknüpft.

Durften deutsche Herrschaftsansprüche in Italien als legitim gelten? Warum sollten italienische Städte das König- oder Kaisertum finanzieren? Der deutsche Staatsaufbau setzte vor allem *politische* Maßnahmen voraus, bevor an eine Lösung finanzieller Probleme überhaupt zu denken war. H. Thomas erkennt nicht die *prinzipielle* Verfehltheit der fiktiven Konstruktion namens „Römisches Reich". Die Kaiserpolitik erschwerte auch die Selbstfindung Italiens.

Hans K. Schulze, ein bekannter Historiker, bewundert Ludwig, weil dieser „durch einen kühnen Griff nach der Kaiserkrone" die Papstkirche in Avignon ausschalten wollte (H. K. Schulze, 240). Erreicht hat der „kühne" Ludwig das genaue Gegenteil! Zu kritisieren ist die Verkennung der Tatsachen durch Menzel, Thomas, Schneidmüller, Clauss, Miethke, Schulze. In höfischer Geschichtsschreibung befangen, analysieren sie nicht die Vergangenheit, sondern widerspiegeln und reproduzieren sie.

7.3 Der Italienzug

7.3.1 Diplomatische Ränkespiele

Am 7. Januar 1326 unterbreitete Ludwig den Habsburgern Leopold und Friedrich ein merkwürdiges Angebot. Er schlug ihnen vor, auf die Krone zu verzichten, sofern Johannes XXII. bereit sei, Friedrich als deutschen König bis zum 25. Juli 1326 zu bestätigen. Sollte der Papst die Approbation Friedrichs verweigern, bleibe die Münchener Vereinbarung vom September 1325 weiterhin in Kraft. Ludwig bot also dem Papst seinen Thronverzicht an. Der machtbesessene Johannes wollte aber auch Friedrich als König nicht anerkennen.

Johannes verweigerte die Approbation Friedrichs, weil er Menzel zufolge Exkommunikation und Interdikt nicht habe rückgängig machen können, ohne seine Glaubwürdigkeit zu verlieren. Ludwigs „kühl kalkulierter" Schachzug diente dem Ziel, möglichst viele Kurfürsten, die jede päpstliche Einmischung in ihr Königswahlrecht ablehnten, hinter sich zu bringen, damit der Italienzug besser vorbereitet war. „Das Verzichtsangebot sicherte das Doppelkönigtum" (M. Menzel, Zeit, 168 f.). Auch Jürgen Miethke behauptet, ohne Belege zu präsentieren, dass Ludwig nicht ernsthaft zurücktreten wollte. Aus taktischen Gründen, um den Papst bloßzustellen, machte er dieses Angebot. Ludwig habe die Reaktion des Papstes „wohl vorausgesehen", vermutet der Autor (J. Miethke, 435). Wenn aber die Kurie Ludwigs nicht zweifelsfrei geklärtes Angebot akzeptiert hätte?

29

Menzel und Miethke verkennen erstens, dass Ludwig sein Königtum, welche Motive ihn auch leiteten, dem Papst ausgeliefert und die königliche Autorität unterminiert hatte. Zweitens geriet Ludwig in immer größere Abhängigkeit von den Kurfürsten, deren Beistand er im Kampf gegen die Kurie benötigte. Gerade deshalb hätte Ludwig Streit mit dem Papst vermeiden und *keinesfalls* nach Italien gehen dürfen! Jeder Grund wäre entfallen, zweideutige Manöver und gefährliche Winkelzüge zu riskieren.

In aller Ruhe hätte sich Ludwig dem inneren deutschen Staatsaufbau widmen können. Aber der Entschluss, die Kaiserkrone zu erlangen, brachte Ludwig zwischen zwei Mühlsteine, die ihn gnadenlos zerrieben, Kurfürsten und Papst.

Wenn er aber schon Verbündete im überflüssigen Kampf gegen den Papst suchte, hätte er sich besser auf breite Volksschichten gestützt, die ein starkes Königtum ersehnten.

7.3.2 Kriegszüge im fremden Land

Widmen wir uns nun der verheerendsten Phase der Regierungszeit Ludwigs. Obwohl Herzog Leopold I. bereits im Februar 1326 gestorben war, zog Ludwig erst im Januar 1327 nach Italien, wo er vermeintliche Reichsrechte beanspruchte. Zunächst weilte Ludwig in Trient. Hier wurde festgelegt, wieviel Geld kaisertreue (= ghibellinische) Städte für die Finanzierung des Italienzuges zu entrichten hätten. Außerdem wurde der Entschluss gefasst, das guelfische (= kaiserfeindliche) Verona zu unterwerfen, mit dem später jedoch ein Waffenstillstand vereinbart wurde.

Im März erreichte Ludwig Mailand, wo ihn Bischof Guido von Arezzo, den die Kurie seines Amtes enthoben hatte, zum König der Lombardei krönte. In Mailand geriet Ludwig in die mörderischen Streitigkeiten der Familie Visconti. Ludwig entmachtete sie und ließ Galeazzo I. Visconti, dem er Geld abpressen wollte, einkerkern. Selbstherrlich unterstellte er die Lombardei einem deutschen Vikar. Drei Monate verharrte Ludwig in Mailand. Nach der Kaiserkrönung sollte Oberitalien unterjocht werden.

Johannes XXII. aberkannte im April 1327 Ludwig sein Königsamt und das oberbayerische Herzogtum. Ludwig war für den Papst nur noch „der Bayer". Umgekehrt bezeichnete Ludwig den Papst als „allerbösesten Erzketzer" und nannte ihn „Jakob" (zit. nach M. Clauss, 62).

Dann zog Ludwig, der Verstärkungen aus Deutschland erhalten hatte, gen Rom. Ghibellinische Städte gewann er, die Guelfen blieben vorerst im Hintergrund. (Italiens Spaltung in Ghibellinen und Guelfen verschlimmerte die politische Zersplitterung des Landes). Wie gefährdet Ludwigs Situation war, trat zutage, als Ludwig im September/Oktober 1327 die früher reichstreue Stadt Pisa, das nun zwischen Ghibellinen und Guelfen schwankte, belagerte und eroberte.

Den Stadtherrn von Lucca, Castruccio, der Ludwig bei der Eroberung Pisas geholfen hatte, erhob Ludwig zum erbberechtigten Herzog von Lucca und verlieh ihm zahlreiche Souveränitätsrechte. Der „König der Lombardei" forcierte den italienischen Partikularismus! In Viterbo, das zum Kirchenstaat gehörte, ernannte Ludwig den bisherigen Stadtvorsteher zum kaiserlichen Vikar und verschärfte hierdurch den Streit mit der Kurie.

7.3.3 Marsilius von Padua

Ludwig entzog die Vergabe der Kaiserkrone dem kurialen Einfluss. Im Dauerstreit mit Johannes XXII. stützte sich Ludwig auf Marsilius von Padua. Der Philosoph, den die Inquisition verfolgte, weilte seit 1326 am Hofe Ludwigs.

In der Schrift „Defensor Pacis" (1324) entwarf Marsilius ein stark weltlich orientiertes Programm. Die Kirche solle den Staat künftig nicht mehr beeinflussen und nur religiös wirken. Der Papst stehe unter dem Kaiser. Rein säkular sei die weltliche Herrschaft zu begründen, basiere auf der Zustimmung des Volkes, gewährleiste Recht und Frieden. Am Horizont leuchtete die Morgenröte der neuen Epoche, Renaissance und Reformation.

Die Tragweite der Thesen des Marsilius erkannte Ludwig wohl nicht, nutzte sie aber als taktische Waffe gegen den Papst. Insofern er die Kaiserkrone begehrte, blieb Ludwig mittelalterlichem Denken verhaftet.

Am 7. Januar 1328 zog Ludwig unter dem Jubel des Volkes in Rom ein. Ihn begleiteten nur sein Neffe Rudolf von der Kurpfalz, wenige deutsche Herzöge und Grafen sowie Marsilius von Padua und Castruccio. In Rom regierte eine kaiserfreundliche Adelsfraktion, die Robert von Neapel, einen Gefolgsmann des Papstes, aus der Stadt verjagt hatte.

Die Kaiserkrönung fand am 17. Januar 1328 statt. Den zuvor geflohenen Rudolf ersetzte Sciarra Colonna, Präfekt Roms, der Johannes ablehnte und die Kaiserkrone bereithielt. Dass er stellvertretend für das römische Volk die Krönung Ludwigs vollzogen habe, negiert die heutige Forschung. Drei Geistliche, zwei exkommunizierte Bischöfe aus Venedig und Aleria und ein Bischof aus Chiron, außerdem vier Vertreter des römischen Stadtvolks, vollzogen die Weihe oder traten als Koronatoren auf.

Zwar wurde der Papst zurückgedrängt, aber insgesamt machte die Kaiserkrönung Ludwigs einen improvisierten Eindruck. Ludwig erschien nur mit kleinem Gefolge; der eigene Neffe kehrte ihm gar den Rücken. Der Nimbus des Kaisertums schmolz dahin.

Kaum waren die Feierlichkeiten der Krönung beendet, geriet Ludwig in neue Probleme. Am 1. Februar 1228 verließ Castruccio, der Lucca gegen den Vikar von Florenz verteidigen musste, das geplagte Rom. Derweil schickte Ludwig Truppen zum `unbotmäßigen` Orvieto, beorderte aber die Soldaten zurück, denn zahlreiche Stadtrömer rebellierten wegen schlechter Verpflegung. Ludwig gelang es nicht, wie schon *allen* vorherigen Kaisern, Italien zu `befrieden`.

Ohnehin war der Konflikt mit Johannes XXII. keinesfalls gelöst. Der Papst erklärte die Kaiserkrönung für nichtig. Der von Marsilius beratene Ludwig verkündete am 18. April 1328 die Absetzung „Jakobs von Cahors" (=Johannes), der sich Ludwigs rechtmäßigem Königs- und Kaisertum widersetze, in Avignon statt in Rom residiert und weiterhin der Ketzerei schuldig sei. Der Klerus unterliege weltlicher Macht.

Auf Geheiß Ludwigs setzten die Römer am 12. Mai 1328 den Franziskaner Petrus von Corvaro, Nikolaus V. genannt, als neuen Papst ein. Ludwig unterzog ihn einer Investitur mit den geistlichen Symbolen, obwohl dies dem Wormser Konkordat von 1122 widersprach. Nikolaus krönte am 22. Mai Ludwig zum Kaiser - eine merkwürdige Zeremonie, die nur Ludwigs Schwäche bloßstellte.

An der chaotischen Gesamtlage in Italien änderte die zweifache Kaiserkrönung nichts. Truppen des Robert von Neapel griffen Ostia an. Der kurze Krieg, den Ludwig gegen das Königreich Neapel führte, endete mit einem Desaster. Die Truppen des Kaisers zerfielen, und Ludwig kehrte im Juli 1228 nach Rom zurück. Begleitet von Nikolaus V. und mehreren Kardinälen, verließ der Kaiser die Stadt.

Unmittelbar danach zogen Guelfen und ein Legat des Johannes, den die Römer enthusiastisch begrüßten, in die Tiberstadt ein. Das sinn- und zwecklose Scheitern Ludwigs hätte nicht eklatanter ausfallen können! Dann starb Castruccio, einer der wenigen Bundesgenossen Ludwigs, der allerdings in Pisa einen kaiserlichen Vikar abgesetzt hatte.

Ludwig suchte Unterstützung bei den Franziskanern Wilhelm von Ockham, Michael von Cesena und Bonagratia von Bergamo. Die beiden letzteren verfolgte Johannes XXII. wegen ihrer Thesen im Armutsstreit. Der Papst bekämpfte Wilhelm von Ockham noch aus anderen Gründen. Wilhelm postulierte ein Widerstandsrecht gegen häretische Päpste. Laien dürften sich in theologische Fragen einschalten.

Alle drei eilten an Ludwigs Hof, als der Wittelsbacher durch Norditalien zog. Aber ständig schwankte Ludwig gegenüber Johannes. Wiederholt ermahnte er Marsilius und Wilhelm zum Gehorsam gegenüber der Kurie!

Ludwigs eigene Truppen, die keinen Sold erhielten, meuterten. In Mailand kehrten die Visconti an die Macht zurück. Nun befürchtete Ludwig, dass Mailand ihm den Rückweg nach Deutschland versperren werde. Auch Ferrara und Pisa, das Ludwig 1327 wochenlang belagert hatte, fielen vom Kaiser ab.

Nur widerwillig öffnete Parma dem Kaiser seine Tore; die Stadtherren erwarteten von Ludwig, dass er sie gegen rivalisierende Städte beschützte. Erst zur Jahreswende 1329/30 kehrte Ludwig nach Deutschland zurück. „Der Rückzug artete zum Raubzug aus wie ... schon der Einmarsch" (K. H. Deschner, 496). Ludwigs Italienzug endete als Debakel sondergleichen.

Johannes XXII. behielt wie Ludwig sein Amt. 1328 versuchte der Papst sogar, in Deutschland eine Königsneuwahl durchzusetzen. Ludwigs Marionette, Papst Nikolaus V., blieb ohne Einfluss und trat 1330 zurück. Ludwig unternahm Anfang der 1330er-Jahre mehrfach demütige Versuche, sich mit Johannes zu verständigen. 1333 bot er dem Papst sogar erneut einen Thronverzicht an.

Nach dem Tod des Mainzer Erzbischofs Matthias von Buchegg 1328 wollte Johannes seinen Favoriten Heinrich III. von Virneburg als Nachfolger im Mainzer Erzbistum einsetzen. Das Mainzer Domkapitel wählte jedoch Balduin von Trier als Interims-Nachfolger. Johannes bekämpfte Balduin, der mit Kaiser Ludwig verbündet war.

Ludwigs Kaiserkrönung bedeutete allenfalls einen Scheinerfolg. Aus dem Streit zwischen Kaiser und Papst gingen die Kurfürsten als eigentliche Sieger hervor. Ludwig hatte eine dreihundertjährige historische Erfahrung ignoriert und die Aussichtslosigkeit der Rompolitik verkannt.

Trotzdem beschönigt Ludwigs Biograph Heinz Thomas die katastrophale Niederlage Ludwigs. Der Kaiser habe „keineswegs in aussichtsloser und verzweifelter Lage" Italien geräumt (H. Thomas, 222). Auf die Rompolitik zu verzichten, wäre der „einfachere Weg" gewesen, den der

Autor polemisch als `simpel` abqualifiziert (H. Thomas, 224). Es geht jedoch nicht um `einfach` oder `schwierig`[8]. Zur Debatte stehen historische Tatsachen, Staatsvernunft, gesunder Menschenverstand und Urteilskraft! In Deutschland hätte Ludwig konstruktive Aufbauarbeit leisten können, aber er verschleuderte jenseits der Alpen Kraft und Zeit.

Auch Jürgen Miethke verkennt die selbstzerstörerische Unsinnigkeit des Italienzuges und der Kämpfe gegen die Kurie. Ludwigs Vorgehen in Italien könne man „weder Kühnheit, Energie noch Entschlossenheit absprechen" (J. Miethke, 437). Dass er scheiterte, fällt nicht ins Gewicht? Deutsche Hofchronisten verwandeln noch die schlimmste Torheit in ein Heldenstück!

Kaum besser macht es Martin Clauss, der behauptet, dass die Kaiserkrönung „die Stellung Ludwigs gegenüber" Johannes XXII. „stärkte" (M. Clauss, 65). Faktisch verschlimmerte Ludwigs Kaiserkrönung einen Konflikt, den er unmöglich gewinnen konnte, zumal der Papst mächtige Verbündete mobilisierte, oberitalienische Städte, Robert von Neapel, Frankreich.

Im Grunde widerspricht Clauss der eigenen These, wenn er hervorhebt, dass Ludwigs Kaisererhebung den Konflikt mit der Kurie „verhärtete" (M. Clauss, 68). Auch die Nachfolger des Johannes legitimierten Ludwigs Kaiser-

---

[8] Einen deutschen Königsstaat aufzubauen, war höchst kompliziert und erforderte große staatsmännische Befähigung. Aber jeder Narr konnte nach Italien ziehen!

tum nicht. Sie hingen von französischen Königen ab, die ihrerseits nicht daran interessiert waren, den Konflikt beizulegen.

Ludwig habe, liest man bei Michael Menzel, das „Reichsbewußtsein" im Kampf gegen Johannes gefördert (M. Menzel, Zeit, 174). Jedoch unterstützten die Fürsten Ludwig nur deshalb, weil sie die Kontrolle über das Königtum nicht mit dem Papst *teilen* wollten. Von einer wirklichen „Solidarisierung der Fürsten mit der Reichsspitze" (M. Menzel, Zeit, 176) ist keinesfalls auszugehen.

Daher irrt Menzel, wenn er Reich und Fürsten gleichsetzt. Nie gab es eine „kaiserliche Verfassung", die er unterstellt (M. Menzel, Zeit, 174), sondern fragile taktische und provisorische Maßnahmen. Hierzu gehörte auch das ineffektive, politisch gefährliche „Doppelkönigtum" mit dem Habsburger Friedrich, welches Bernd Schneidmüller als vorteilhaften „Konsens" lobt (B. Schneidmüller, 382).

Eingezwängt zwischen Papsttum und Kurfürsten, driftete Ludwig in einen tödlichen Zweifrontenkampf. Menzel spricht von der „kirchlichen Schattenseite" (M. Menzel, Zeit, 175) des Kaisertums. Gab es auch eine Sonnenseite? Für Deutschland und Italien barg die Romidee *nur* verhängnisvolle Konsequenzen; eine nationalstaatliche Entwicklung beider Länder wurde verhindert. Weder hier noch dort schlug das Staatsbewusstsein Wurzeln.

Als Ludwig im Februar 1330 nach Deutschland zurückkehrte, hielt er dank der Kaiserkrone „imperiale Macht" in den Händen, behauptet Menzel (M. Menzel, Zeit, 176). Worin diese Macht bestand, welchen Zwecken sie diente, verrät der Historiker nicht. Luftschlösser zu errichten, war Ludwigs größte Stärke.

Nicht minder versucht Heinz Thomas, Ludwigs gescheiterten Italienzug zu rechtfertigen. Viele lombardische Städte hätten sich nach einer „ordnenden Kraft" gesehnt (H. Thomas, 224). Selbst wenn diese These zuträfe, war kein Kaiser imstande, die Probleme der Städte zu lösen, die sie letztlich nur durch eigene Anstrengung bewältigen konnten.

Jeder kaiserliche Eingriff in Italien rief sogleich Opposition hervor. Gerade lombardische Städte beharrten auf ihrer Unabhängigkeit. Thomas selbst erwähnt, dass in Italien antikaiserliche Mächte triumphierten, sobald Ludwig das Land verlassen hatte, der wie seine Vorgänger das Wasser pflügte. Außerdem stürzte Ludwigs Italienzug, wie bereits erwähnt, den Kaiser in unlösbare Streitigkeiten mit der Kurie.

Anfang 1330 war Friedrich der Schöne gestorben und das Doppelkönigtum beendet. In seiner zweiten Regierungshälfte versuchte Ludwig, seitens der Fürsten immer misstrauischer beäugt, territorialen Besitz zu erwerben. Gleichzeitig schwelte der Konflikt mit dem Avignoneser Papsttum weiter, das nie bereit war, einzulenken. Enger und enger zogen Fürsten und Päpste ihre Doppelschlinge um Ludwigs Hals.

Das deutsche Staatswohl opferte Ludwig auf dem Altar der Rompolitik; der Aufbau eines Königs- und National-staats unterblieb. Brandenburg lieferte er minderjährigen und wenig befähigten Mitgliedern der eigenen Familie aus. Ludwig versäumte es, die Mark in Reichsgut umzu-wandeln und von Ministerialen verwalten zu lassen.

Ebenso hätten die zahlreichen deutschen Städte das Kö-nigtum wirksam stützen können. Die Hoftage durch den Reichstag ablösen, letzteren zur festen Instanz erheben, mit Vertretern der Städte und Freisassen erweitern – sol-che Maßnahmen waren geeignet, den Hochadel von unten und oben zu bedrängen. Königtum und Reichstag, sofern sie kooperierten, bildeten die Kernelemente des Staatsge-dankens.

Daher erforderte es die politische Klugheit, an die Un-tertanenschaft zu appellieren, die der einzige Verbündete des Königs gegen den Fürstenstand darstellte, der jeden Versuch, das deutsche Königtum zu stärken, voller Arg-wohn beobachtete. Nie aber initiierte Ludwig einen Be-freiungskampf der Deutschen gegen das Papsttum. Sein größter staatsmännischer Fehler lag darin begründet, dass er sich mit der Kurie im fernen Avignon zu arrangieren hoffte, sich aber nicht konsequent von ihr löste. Solches setzte die *peinlichste Zurückhaltung* hinsichtlich jeder Rompolitik voraus, mag auch mancher deutscher Ge-schichtsprofessor das Gebot der Vernunft als den „einfa-cheren Weg" verunglimpfen. Ludwigs gesamte Kaiserpolitik widersprach den elementarsten Interessen des deutschen Königreiches.

Jeder effektive deutsche Reichstag benötigte genauso wie die königliche Verwaltung eine Hauptstadt. Immer noch zog der Monarch wie ein Vagabund umher. Es hätte sich angeboten, den Regierungssitz nahe des vernachlässigten deutschen Nordens und Ostens anzusiedeln, auch weil es hier keine mächtigen Dynastien wie Habsburger und Luxemburger gab.

Aber die Hanse interessierte Ludwig genauso wenig wie der Deutschordensstaat. Ihm kam nicht die Idee, mit ihnen zu kooperieren. Der nördliche Teil des eigenen Landes, den schon die Staufer meistens ignoriert hatten, kümmerte Ludwig nicht. In Rom und Mailand tauchte er auf, besuchte aber nie Lübeck. Welcher merkwürdige, bezeichnende Gegensatz von universalem Herrschaftsanspruch und regionaler Beschränktheit! Es fehlte das gesunde Maß: der Königs- und Nationalstaat.

Der wenigstens schrittweise Aufbau einer Reichsexekutive kam nicht in Gang. Deshalb war Ludwig außerstande, einen stabilen Reichslandfrieden durchzusetzen. Ludwig begnügte sich mit Halbheiten; schwäbische und bayerische Städte wurden 1331 an Landfriedenseinungen beteiligt. Der Kaiser setzte eine Kommission zur Wahrung des Rechtsfriedens ein. Mit Balduin von Trier vereinbarte Ludwig einen 1334 erneuerten rheinischen Landfrieden. Ludwig improvisierte, gründete aber keine handlungsfähigen Institutionen.

Hofkanzlei und Hofgericht ersetzten keine Reichsverwaltung [9]. Alle Maßnahmen blieben Stückwerk und hingen von der freiwilligen Teilnahme der Mitglieder eines Landfriedensbundes ab. Schon der von Ludwig mitgetragene rheinische Landfrieden von 1317 erwies sich als desolat.

Der Stadt Frankfurt am Main verschaffte Ludwig 1330 ein Messeprivileg und Nürnberg zwei Jahre später eine Zollbefreiung. Ludwig führte ihre Bürgerschaften nicht an den Staatsgedanken heran, sondern privilegierte quasifürstliche Patriziate. Gerade untere städtische Gruppen hätten der königlichen Unterstützung bedurft. Im Januar 1332 verhängte Ludwig im Interesse Balduins von Trier sogar eine Acht gegen die Stadt Mainz. Auch deshalb irrt H. Thomas, wenn er deutsche Städte die „beständigsten Stützen" des Kaisers nennt (H. Thomas, 232).

Eine deutsche Landeskirche zu begründen, erforderte ebenso die Abkoppelung von der Kaiser- und Romidee. Höchst unrühmlich und antistaatsmännisch war es, dass Ludwig deutsche Juden, sogenannte Kammerjuden, mit einer Kopfsteuer belegte und zu Leibeigenen erklärte. Indem er sie arg kränkte, verspielte Ludwig ihre Unterstützung.

Vom staatsmännisch Sinnvollen tat Ludwig das genaue Gegenteil. Auch ein weit besserer König hätte zwar den gordischen Knoten der deutschen Dinge nicht kurzfristig lösen können. Viel zu weit war die Tyrannis der Fürsten vorangeschritten, viel zu skrupellos ihre Herrschsucht.

---

[9] Es fehlte eine zentrale Bildungsstätte für den Aufbau eines königlichen Verwaltungsstabes.

Aber Ludwig hätte an den richtigen Stellen Pflöcke in den Boden treiben und der nächsten Generation den Weg weisen können. Langfristig war damit eine große Wirkung zu erzielen.

Markgraf Ludwig von Brandenburg, der sich einer Adelsfraktion angeschlossen hatte, die gegen den Kaiser opponierte, musste 1330 Ludwig aufsuchen, der ihn bis zu seiner Volljährigkeit 1333 beaufsichtigte. Schon 1326 hatte Polen, angestiftet vom Papst, die Mark Brandenburg angegriffen und teilweise verwüstet, ohne dass Ludwig, der den Italienzug vorbereitete, dagegen einschritt.

Auch gegen marodierende brandenburgische Adelige unternahm er nichts. Es rächte sich, dass Ludwig keine Verwaltungen gründete, sondern wie in karolingischer und ottonischer Zeit durch Lehnsvergabe regierte. Politisch hinkte das rückständige Deutschland Westeuropa um etwa 200 Jahre hinterher. Die visionäre Romidee scheiterte und der Nationalstaat kam nicht zustande. Das Unmögliche wurde verfehlt, das Mögliche ruiniert: eine sehr deutsche Dialektik!

9. Konflikt oder Verständigung? Der Streit mit der Kurie

9.1 Johannes XXII.

Im Juli 1330 scheiterte der Versuch einer Aussöhnung Ludwigs mit der Kurie, obwohl Habsburger und Luxemburger dem Kaiser beistanden. Johannes ging die Demutsgeste Ludwigs, der alles zurücknehmen wollte, was er gegen den Papst gerichtet hatte, nicht weit genug. Der Papst forderte die Unterwerfung des Kaisers. Laut Jürgen Miethke „mußte sich Politik in den pastoralen Vorgang mischen" (J. Miethke, 438). Tat sie das erst jetzt? Seit jeher verfolgte die Kurie grenzenlose Macht- und Herrschaftsziele, wie sie beispielsweise Bonifaz VIII. 1302 in „Unam sanctam" festgelegt hatte.

Ludwig versuchte ab dem Juni 1331 erneut, einen Ausgleich herbeizuführen. Marsilius und Wilhelm von Ockham rieten ihm davon ab! Der Papst verlangte die völlige Unterwerfung Ludwigs; vorläufig sollte er das Königs- und Kaiseramt ruhen lassen. Erst einmal hätten die Kurfürsten den Papst zu bitten, Ludwig als König anzuerkennen. In der Frage der Kaiserkrönung war Ludwig zu Konzessionen bereit; eine neue Krönung durch Johannes hätte er akzeptiert.

Johannes verlangte auch, dass der Kaiser Marsilius von Padua und jene Franziskaner, die am Hof Ludwigs weilten, zum Gehorsam zwingen möge. Ludwig entgegnete wachsweich, dass deren Lehrmeinungen kirchlich zu überprüfen seien. Die Verhandlungen scheiterten Ende 1331.

Jeder Ausgleichsversuch minderte Ludwigs Prestige und vergrößerte die Abhängigkeit von den Kurfürsten. Gerade Ludwigs wichtigster Verbündeter, Balduin von Trier, nutzte die Not Ludwigs gnadenlos, um durch kaiserliche Privilegien seinen Herrschaftsraum an Rhein und Mosel zu vergrößern. Deutlich ist der Zusammenhang zu erkennen, der zwischen der Rompolitik und der Schwächung des deutschen Königtums bestand. Daher genügt es nicht, Ludwigs Kampf gegen das Papsttum „die meiste Aufmerksamkeit" zu schenken (J. Miethke, 433). Noch wichtiger ist es, die entsetzlichen Folgen zu betrachten, die Ludwigs Politik in Deutschland verursachte.

9.2 König Johanns Italienpolitik und Konspirationen

Kläglich war die Italienpolitik des Wittelsbachers gescheitert. König Johann von Böhmen zog im Sommer 1330 selbst nach Italien. Ungeniert entwickelte er eine staunenswerte Aktivität, die Ludwigs Kaisertum in Frage stellte. Johann, der mehrere lombardische Städte unterwarf, wollte Oberitalien beherrschen. Auch Johanns Ambitionen scheiterten am Widerstand der Städte.

Auf der Konferenz von Regensburg im Juli 1331 verpfändete Ludwig dem böhmischen König acht italienische Städte für einen nie erhaltenen Geldbetrag. 1332/33 vertrieb die lombardische Opposition Johann und seinen Sohn Karl, später Karl IV., endgültig aus Italien.

Heinz Thomas rechtfertigt das Debakel der Italienpolitik dennoch. Heinrich VII., Ludwig und Johann hätten „maßgeblich dazu beigetragen", die „kleineren Mächte Reichsitaliens unter die Herrschaft" weniger „Potentaten" zu bringen und damit die Renaissance ermöglicht (H. Thomas, 278). Jedoch war die politische Zersplitterung Italiens wesentlich der kaiserlichen Politik geschuldet. Die Kaiser akzeptierten kein italienisches Nationalkönigtum; sie schürten inneritalienische Zwistigkeiten. Auch nimmt H. Thomas an, dass Italien aus eigener Kraft nicht viel habe leisten können. Der gleiche Hochmut charakterisierte bereits mittelalterliche Kaiser.

Johann positionierte die Luxemburger als Nachfolger Ludwigs und hatte schon Anfang 1332 geheime Verhandlungen mit König Philipp VI. geführt, dem er zusicherte, ihn militärisch zu unterstützen. Außerdem versprach Johann, falls er oder sein Sohn den deutschen Königsthron bestieg, keine Forderungen gegen Frankreich zu erheben (Vertrag von Fontainebleau).

Der Luxemburger agierte, als säße er fast schon auf dem deutschen Thron; auch die polnische Königskrone beanspruchte er. Die von deutschen Historikern unterstellte „Solidarität" der Kurfürsten mit Ludwig war eng begrenzt. Letztlich überspannte Johann, der in französischen Diensten während der Schlacht von Crecy (1346) starb, den Bogen. H. Thomas aber sieht in Johanns Vielfrontenkampf eine „angemessene Realisierung" seines politischen „Auftrags" (H. Thomas, 271). Dazu gehörte also die Konspiration gegen Ludwig!

9.3 Ludwigs gescheiterte Verhandlungen mit dem Papst

Ende 1333 versuchte Johann, mit Ludwigs Zustimmung eine Verständigung zwischen Kaiser und Papst zu erreichen. Ludwig sollte die päpstliche Absolution erhalten, dann die Königskrone niederlegen und Heinrich IV. von Niederbayern als neuen König hinnehmen (Rothenburger Erklärung). Sobald dies geschehen war, sollten die Kurfürsten hierüber informiert werden. Die Kaiserkrone hätte Ludwig behalten dürfen. Johann verbreitete überall, dass Ludwig auf die Königsherrschaft verzichten werde. Hoffte der Böhme, den Wittelsbacher zu stürzen? Heinrich

IV. vereinbarte mit Philipp VI. im Februar 1334, westliche Teile des römisch-deutschen Reiches an Frankreich abzutreten.

Der Papst wollte jedoch die Absolution erst *nach* einem Thronverzicht Ludwigs erteilen. Letztlich endeten die Verhandlungen ergebnislos. Nun behauptete Ludwig im Juni 1334, er habe nie daran gedacht, sein Königsamt preiszugeben. Dieses taktische Ränkespiel ähnelt Ludwigs Verzichtsangebot von 1326 und zeigt, in welche verfahrene Situation ihn die Italienpolitik gebracht hatte. Die Rothenburger Erklärung beschädigte Ludwigs Ansehen. Er versäumte es, jede Einmischung der Kurie in deutsche Angelegenheiten zurückzuweisen und die Staatsvernunft der Religion überzuordnen.

Ob Ludwig zurückgetreten wäre, hätte ihm Johannes XXII. wie gewünscht die Absolution erteilt, ist nicht eindeutig geklärt. Menzel zufolge plante Ludwig dieses eigenartige Manöver, weil er hoffte, die Kurfürsten wie schon 1326 hinter sich zu bringen. Gerade die Kurfürsten mussten sich aber durch Ludwigs Vorgehen brüskiert fühlen, hatten sie ihn doch zum König gewählt! Ludwig war ein schwankender, unsicherer, religiös gebundener Herrscher, der sich scheute, mit dem Papsttum konsequent zu brechen.

9.4 Benedikt XII.

Papst Johannes` grenzenlose Machtgier hatte jede Verständigung unmöglich gemacht. Im Dezember 1334 starb er. Unter dem neuen, anfänglich gesprächsbereiten Papst

Benedikt XII. wurde zwischen 1335 und 1337 neu verhandelt. Wieder gelang es nicht, Ludwig, der die Kaiserkrönung zur Disposition stellte, aus dem Bann zu lösen.

Am Einspruch Roberts von Neapel und des französischen Königs scheiterte im Mai 1337 der Ausgleichsversuch. Philipp VI. verwandelte die Avignoneser Kurie in ein Instrument seiner Politik. Robert und Philipp behaupteten, dass Ludwig ein Ketzer sei. Der Papst beugte sich Philipp, zog die Verhandlungen in die Länge, erklärte Ludwig, der das Königs- und Kaiseramt nicht aufgeben wolle, für unbußfertig. Als Reaktion auf die Intrigen Philipps vereinbarte Ludwig ein Bündnis mit dem englischen König Edward III. Prompt folgte Ludwigs Scheitern in Avignon der nächste Fehler: die Verwicklung in den Hundertjährigen Krieg.

Alle entwürdigende, noch dazu aussichtslose Kriecherei vor den Päpsten schadete Ludwig nur. Herrschsüchtig verlangte Benedikt die Unterwerfung des Kaisers und der Kurfürsten. Ende März 1338 wies er einen weiteren Vermittlungsversuch zurück, den mehrere deutsche Bischöfe und Heinrich von Virneburg, neuer Erzbischof von Mainz, unternommen hatten. Benedikt exkommunizierte Heinrich von Virneburg, weil der sich mit Ludwig aussöhnen wollte. Diesmal war Benedikt zu weit gegangen.

10. Die Kurfürsten ergreifen die Initiative

10.1 Der Kurverein von Rhens

1338/39 fanden in Deutschland mehrere Synoden, Hoftage und Ständeversammlungen statt, deren Teilnehmer die Stellung des Königs- und Kaisertums gegenüber der Papstkirche definierten.

Eine von Ludwig einberufene Ständeversammlung tagte im Mai 1338 in Sachsenhausen; ihr gehörten Geistliche, Adelige und Stadtbürger an. Die Kurie wurde aufgefordert, ihre Prozesse gegen Ludwig einzustellen. Vertreter der Städte betonten die Rechtmäßigkeit der Königswahl Ludwigs und seines Kaisertums. Falls die Kurie weiterhin gegen Ludwig vorgehe, wollten die Städte ihr den Gehorsam verweigern, erklärten Städtevertreter in einer für Benedikt bestimmten Petition. Erstmals kündigte sich eine politische Zusammenarbeit von Städten und Kaiser an, doch kam es nie zu einer systematischen Kooperation.

Den Kirchenbann erklärte Ludwig für unrechtmäßig und lehnte eine päpstliche Approbation ab; ihn legitimiere die Wahl der Kurfürsten zum König. Die Kaiserkrone aber verdanke er allein Gott. Päpstliches Interdikt und Kirchenbann dürfte niemand beachten. Auf Initiative Wilhelms von Ockham wurde in dem Traktat „Fidem catholicam", gerichtet an alle geistlichen und weltlichen Obrigkeiten der Christen, Ludwigs Rechtgläubigkeit betont. Balduin von Trier erhielt bereits am 18. Mai 1338 ein Exemplar dieser Schrift, die das nächste wichtige Ereignis vorbereitete.

Sehr bedeutsam war der „Rhenser Kurverein" vom 16. Juli 1338, eine Versammlung der Kurfürsten, in der allerdings König Johann fehlte. Unter Leitung Balduins von Trier fand die Tagung in Rhens bei Koblenz statt. Kaiser Ludwig nahm nicht daran teil; die Fürsten verhandelten über ihn, aber nicht mit ihm! Städte und Kaiser, argwöhnte Balduin von Trier, verbündeten sich gegen die Kurfürsten. Freilich hat er damit Ludwigs Staatskunst weit überschätzt.

In einem Weistum legte die Rhenser Versammlung fest, dass allein die Kurfürsten das Recht hätten, den römisch-deutschen König durch Mehrheitswahl zu bestimmen. (Karls IV. „Goldene Bulle" kündigte sich an). Alle Rechte des Königs folgten aus dieser Wahl; der König agierte als Beauftragter der Fürsten. Päpstlicher Approbation bedürfe die Königswahl nicht; alle gegen Ludwig geführten kurialen Prozesse seien nichtig.

10.2 Licet iuris und Fidem catholicam

Dem Rhenser Beschluss folgte bereits im August 1338 ein Hoftag in Sachsenhausen, der die Proklamation „Licet iuris" formulierte, in der zu lesen stand, dass dem durch Kurfürsten gewählten König ohne Einmischung Dritter auch die Kaiserkrone zustehe. Ein römisch-deutscher König sei „allein aufgrund der Wahl wahrer König und Römischer Kaiser". Die Untertanen hätten ihm zu gehorchen, „er hat die volle Amtsgewalt ... und weder von Seiten des

Papstes oder des Apostolischen Stuhles noch irgendwessen sonst bedarf er der Anerkennung, Bestätigung, Ermächtigung oder Zustimmung" (zit. nach B. Schneidmüller, 369).

In weltlichen Dingen müssten alle Völker dem Kaiser gehorchen. Wer sich widersetze, begehe ein Majestätsverbrechen. Es bedürfe keiner Kaiserkrönung durch den Papst. „Licet iuris" vollzog einen Trennstrich zwischen Kaiser- und Papsttum und stellte eine wichtige Zäsur dar. Nie aber realisierte Ludwig, der fortgesetzt mit Avignon verhandelte, diese Trennung wirklich. (Später ergänzten die Kurfürsten, dass der Kaiser den Papst um eine Krönung bitten könne, aber nicht darauf angewiesen sei).

Dann verlas man „Fidem catholicam". Jedem sei es verboten, die Bannsprüche und Interdikte des Papstes zu befolgen, dem es nicht erlaubt sei, sich in die deutsche Königswahl einzumischen. Nur Gott unterstehe der König und Kaiser, nicht aber dem Papst. Bei Streitfällen zwischen Kaiser und Papst dürfe nur ein Konzil entscheiden. Spätere Hoftage in Koblenz (August/September 1338) und Frankfurt (März 1339) bestätigten diese auch von König Johann mitgetragenen Beschlüsse.

10.3 Die Fürsten als Nutznießer und Sieger

Michael Menzel vertritt die These, dass sich Ludwig 1338/39 „in einer Machtfülle [und] Akzeptanz" befand, wie sie vor ihm kein anderer deutscher König „seit den Staufern" ausgeübt habe (M. Menzel, Zeit, 183). Erstens

51

rechtfertigt oder verharmlost Menzel die katastrophal gescheiterten Staufer. Und er missversteht zweitens die Motive, Interessen und Ziele der Kurfürsten, die eben nicht das Königtum stärkten, sondern die Papisten abwehrten, weil es ihnen gefiel, den König allein zu gängeln!

Deshalb irrt ebenso Martin Clauss, wenn er behauptet, dass die Kurfürsten in Rhens „auch jenseits der Königswahl Verantwortung für das Reich" übernommen hätten (M. Clauss, 76). Auch Schneidmüller spricht von der „fürstlichen Verantwortung für das Gemeinwesen" (B. Schneidmüller, 384). Die Ziele eigennütziger Fürsten unterschieden sich gewaltig von der deutschen Staatsräson, die es verlangte, die Macht der großen Herren zum Wohl des Ganzen zurückzudrängen.

Clauss dementiert sich wieder selbst, wenn er daran erinnert, dass die Kurfürsten in Rhens ohne Ludwig tagten; sie betonten *nur* ihr Königswahlrecht. Der Rhenser Kurverein, schreibt Clauss, habe nicht „zwingend (!) eine Unterstützung" des Königs beabsichtigt (M. Clauss, 77). „Zwingend" erstrebten die Kurfürsten etwas ganz anderes: das deutsche Königtum klein zu halten und ohne päpstliche Einmischung zu lenken. Hilfe gewährten sie Ludwig nur dann, wenn es *ihrem* Interesse nützte. Von einer „inhaltlichen Einheit", die zwischen Kurfürsten und König geherrscht habe (M. Clauss, 78), kann nicht die Rede sein.

Im Zweifelsfall machten die Kurfürsten, wie die Zukunft erwies, mit dem Papst sogar gemeinsame Sache, indem sie Ludwig absetzten. Sie begingen Königsverrat, sobald er ihnen vorteilhaft erschien.

Menzel und Clauss erliegen realitätsfernen Fehlinterpretationen. Die Kurfürsten isolierten Ludwig politisch und beendeten erfolgreich den Kampf gegen das Papsttum. Zur gleichen Zeit schmückte Ludwig sein Haupt mit der hohlen Kaiserkrone. Am Ende zerbrach er an Fürsten und Päpsten.

Ludwigs größter Fehler war die Rompolitik, die ihn mit Avignon entzweite und von den Kurfürsten abhängig machte, als er blindlings in die italienische Falle lief.

Ludwigs scheinbarer Erfolg 1338/39 täuscht nüchterne Beobachter nicht. Wie fragil der Boden war, auf dem er agierte, trat sofort zutage, als sich Ludwig bemühte, seine Position in Deutschland zu verbessern.

11. Gefährliche Verbündete: England und Frankreich

Zunächst aber verhandelte er in der Anfangszeit des Hundertjährigen Krieges 1337/38 mit dem englischen König Edward III. Ihm übertrug Ludwig das Generalvikariat über links- und rechtsrheinische Reichsgebiete. Außerdem versprach er, Edward mit 2000 Söldnern zu unterstützen, wofür Ludwig Geldzahlungen erhalten sollte. Fürsten im Westen des Reiches, unter ihnen Balduin von Trier, erwarteten vermutlich eine Schwächung Ludwigs und begrüßten diese Vereinbarung, mit der Ludwig Philipp VI. unter Druck zu setzen hoffte. Philipp sollte im Sinne Ludwigs auf Papst Benedikt einwirken.

Der Hoftag in Koblenz vom August/September 1338 erklärte „Licet iuris", „Fidem catholicam" und die Rhenser

Beschlüsse zu Reichsgesetzen. In Koblenz ernannte Ludwig den englischen König zum Reichsvikar. Edward III., verbündet mit Balduin von Trier, durfte selbst entscheiden, wie lange er das Vikariat behalten wollte. Erneut beschädigte der Wittelsbacher sein königliches Prestige. Falsch war es, das Reich in die Strudel des Hundertjährigen Kriegs zu verstricken. Dennoch bezeichnet Martin Clauss den Koblenzer Hoftag als glorreichen „Höhepunkt der Herrschaft Kaiser Ludwigs" (M. Clauss, 72).

Edward zahlte das versprochene Geld nicht oder nur teilweise, weshalb ihm Ludwig die zugesagte militärische Unterstützung verweigerte. Johann von Böhmen stritt für den französischen König, aber kleinere Reichsfürsten, auch Ludwig von Brandenburg, standen auf Seiten Edwards. Die Gefahr, dass in Frankreich Reichstruppen gegeneinander kämpfen konnten, sah Ludwig nicht.

Das Bündnis zwischen Ludwig und Edward scheiterte. Ende Januar 1341 erklärte Ludwig, künftig Philipp VI. unterstützen zu wollen. Zwei Monate später vereinbarten beide Monarchen und die Erzbischöfe von Mainz und Trier ein Bündnis. Philipp verpflichtete sich, zwischen Ludwig und Avignon zu vermitteln. Als Gegenleistung verzichtete Ludwig auf territoriale Besitzansprüche des Reiches gegenüber Frankreich. Edwards Reichsvikariat wurde am 25. April 1341 aufgehoben.

Philipp VI. beabsichtigte, das englisch-deutsche Bündnis aufzulösen und zu verhindern, dass die Grafschaften Holland und Hennegau an den Kaiser fielen. Die Erzbischöfe Balduin von Trier und Heinrich von Mainz vereinbarten mit Philipp 1341 separate Beistandsabkommen.

Papst Benedikt jedoch missfiel Philipps Abmachung mit dem „Ketzer" Ludwig.

Ludwig machte reihenweise politische Zugeständnisse, damit ihn die römische Kirche wieder gnädig aufnahm. Immer noch ordnete er die Staatskunst der Religion unter.

Aber Philipp dachte gar nicht daran, die Kurie zu drängen, einen Ausgleich mit dem Kaiser herbeizuführen! Der Valois hielt sich an die Luxemburger; besetzten sie den deutschen Thron, konnten sie ihm gute Dienste leisten. Philipps geschickte Diplomatie veranlasste Ludwig, den Preis zu entrichten, ohne das Gewünschte je zu erhalten.

Keineswegs gelang es Ludwig, das französisch-luxemburgische Bündnis zu „neutralisieren", wie Heinz Thomas behauptet (H. Thomas, 340). Der Luxemburger Karl IV. trat die Nachfolge des Wittelsbachers an. Einen „Ausweis politischer Klugheit", den Martin Clauss zu erkennen meint (M. Clauss, 106f.), wird man in Ludwigs fahrig-unkluger Diplomatie nicht entdecken. Ludwig hätte sich besser aus dem Hundertjährigen Krieg heraushalten, den Papst ignorieren, das eigene Land beachten sollen. Ebenso wie die Rompolitik verursachte die Einmischung in den Hundertjährigen Krieg nur Abhängigkeiten.

Zuvor hatte Ludwig auf dem Hoftag in Frankfurt vom März 1339 Johann von Böhmen große territoriale Zugeständnisse gemacht. Unter anderem erhielt Johann die Markgrafschaft Mähren. Johann wiederum anerkannte Ludwigs Kaisertum und erklärte, ihn gegen die Kurie zu unterstützen. Auch Johann gegenüber war Ludwig aufgrund seiner Rompolitik in eine Lage geraten, in der er erpressbar war.

Im April 1342 starb Papst Benedikt XII., der eine Verständigung mit Ludwig abgelehnt hatte. Der neue Papst Clemens VI. verwarf erst recht jeden Kompromiss. Seit Mitte 1343 plante er den Sturz des Kaisers. Bis zur Absetzung Ludwigs ging der aussichtslose Kampf gegen Avignon weiter. Kurfürsten und Päpste behielten die Oberhand. Desto unbegreiflicher erscheint es, dass Martin Clauss dem Kaiser „ein erfolgreiches Agieren" im Dauerstreit mit der Kurie bescheinigt (M. Clauss, 119).

12. Ludwigs finale Niederlage

12.1 Die Hausmachtpolitik

12.1.1 Niederbayern

Intensiv versuchte Ludwig, die wittelsbachische Hausmacht zu vergrößern. Ludwig hatte schon früh, wie das Beispiel Brandenburg zeigte, den strategischen Fehler begangen, Hausmacht- statt Reichsgutpolitik zu betreiben. Auch in seiner dynastisch orientierten Territorialpolitik scheiterte er kläglich.

Im „Hausvertrag von Pavia" vereinbarte Ludwig im August 1329 mit drei Nachkommen seines Bruders Rudolf I. eine Teilung der wittelsbachischen Dynastie in zwei Linien: eine pfälzische und die Linie Ludwigs in Oberbayern. Die Rheinpfalz wurde als eigenständiges Reichsfürstentum anerkannt. Beide Linien teilten sich den bayerischen Nordgau. Erbregelungen wurden für den Fall vereinbart, dass einer der Familienzweige ausstarb. Abwechselnd sollten sie das kurfürstliche Wahlrecht ausüben, welches zunächst Pfalzgraf Rudolf II. erhielt. Dieser teuer erkaufte Kompromiss forcierte Deutschlands politische Zersplitterung.

Das wittelsbachische Niederbayern brachte Ludwig unter seine Kontrolle. Der Sohn des niederbayerischen Herzogs Heinrich XIV., Johann I., war mit Ludwigs Tochter Anna verlobt. Starb Heinrich, sollten Ludwig und Heinrichs Frau Margarete, eine Tochter Johanns von Böhmen, für Johann I. eine gemeinsame Vormundschaft ausüben. Heinrich starb Anfang September 1339.

Nun begann die geplante Regentschaft, die Karl von Mähren, der spätere Gegenkönig Karl IV., ablehnte. Nach Johanns Tod im Dezember 1339 erklärte Ludwig Niederbayern zum heimgefallenen Lehen und vereinigte es mit Oberbayern. Die 1255 erfolgte Teilung Bayerns wurde damit rückgängig gemacht. 1334 erließ der Kaiser ein Verbot, Bayern zu teilen, aber Ludwigs Nachfolger missachteten diese Bestimmung. Etwa 1335 setzte Ludwig für Oberbayern eine Landrechtsordnung durch; nie schuf er ein vergleichbares Reichsrecht.

Johann von Böhmen, zeitweilig mit Ludwig ausgesöhnt, wandte sich aufgrund der Vereinigung von Ober- und Niederbayern endgültig vom Kaiser ab. Auch die übrigen Fürsten begegneten Ludwig voller Argwohn.

12.1.2 Tirol

Neue Streitigkeiten folgten in Tirol, jener reichen und wichtigen Grafschaft, die im Interessengebiet der Luxemburger, Habsburger und Wittelsbacher lag. Ludwigs alter Rivale, Johann von Böhmen, hatte dafür gesorgt, dass sein Sohn Johann Heinrich 1330 die Erbtochter Heinrichs von Kärnten und Tirol, Margarete Maultasch, heiratete.

Seit Ende 1330 beabsichtigte Ludwig, beim Tod Heinrichs dessen Besitz zum heimgefallenen Reichslehen zu erklären. Kärnten und Südtirol sollten die Habsburger erhalten, Nordtirol an Ludwig gehen. Heinrich starb 1335. Kärnten und das südliche Tirol kamen zu Österreich, das sich aber im September 1336 mit Johann von Böhmen darauf verständigte, Nordtirol den Luxemburgern zu übertragen, sodass der Kaiser leer ausging.

Wie schon im Fall Brandenburgs beging Ludwig erneut den Fehler, ein heimgefallenes Lehen nicht als Reichsgut zu behandeln. Nur so hätte die Chance bestanden, es dem Zugriff der Großen zu entziehen. Doch er stritt sich mit Luxemburgern und Habsburgern wie ein Fürst unter anderen Fürsten. Die Unterstützung breiter sozialer Kreise gegen den Hochadel zu gewinnen, zog Ludwig nicht in Betracht.

1341 entbrannte neuer Streit um Tirol, der Ludwigs finale Krise einleitete. Margaretes Ehe mit dem zeugungsunfähigen Johann Heinrich scheiterte. Der Luxemburger war auch nicht imstande, die Grafschaft Tirol erfolgreich zu verwalten und überließ seinem Bruder Karl die Regierungsgeschäfte. Ende 1341 rebellierte Tirols Adel gegen Johann Heinrich, der gezwungen wurde, das Land zu verlassen.

Aus eigener Machtvollkommenheit, aber unterstützt durch Marsilius von Padua und Wilhelm von Ockham, beendete Ludwig die Ehe der Margarete und verstieß damit gegen kanonisches Recht. Im Februar 1342 verheiratete der Kaiser seinen Sohn Ludwig V., Markgraf von Brandenburg, mit Margarete und belehnte ihn mit Tirol. Karl von Mähren musste eine Niederlage hinnehmen.

12.2 Papst und Fürsten gegen Ludwig

Nun traf den Kaiser der Zorn Johanns von Böhmen, der übrigen Kurfürsten und des Papstes, der über Tirol das Interdikt verhängte. Auch Balduin von Trier, Ludwigs wichtigster Verbündeter, distanzierte sich vom Kaiser. 1343/44 scheiterten Bemühungen Ludwigs, Luxemburger und Wittelsbacher durch wechselseitige Heiraten und die Vergabe der Lausitz an Johann Heinrich auszusöhnen. Papst Clemens VI. wollte einen Luxemburger auf den Thron bringen.

1342 hatte der wankelmütige Ludwig wieder zwecklos mit Clemens VI. verhandelt. Clemens begann 1343 einen neuen Prozess gegen Ludwig; der Kurie und den Fürsten hatte der Wittelsbacher kaum etwas entgegenzusetzen.

Aus eigener Kraft vermochte Ludwig auch Tirol nicht zu halten; er kooperierte nicht mit niederen Ständen. Nach dem Tod Ludwigs des Brandenburgers übertrug Margarete 1363 Tirol den Habsburgern. Nicht unbedingt der Erwerb Tirols als solcher war Ludwigs großer „Fehler", wie Martin Clauss und Ludwig Holzfurtner annehmen (zit. nach M. Clauss, 100), sondern die Art und Weise, in der es Ludwig tat.

Johann von Böhmen brachte seinen Sohn Karl als Nachfolger und Mitkönig Ludwigs ins Spiel. Auf dem Fürstentag in Bacharach 1344 war der Kaiser, der erfolglos versuchte, Ludwig den Brandenburger zum König zu erheben, völlig isoliert.

Außerdem beging Ludwig 1344 die große Torheit, Papst Clemens VI. um eine Approbation als König zu bitten. Zum dritten Mal stellte er sein königliches Amt der Papstkirche zur Disposition. Ludwig verhandelte mit einem Gegner, der längst entschlossen war, ihn durch einen Gefügigeren zu ersetzen. Wieder ordnete Ludwig das persönliche `Seelenheil` der Staatsräson über.

Ludwigs Selbstdemütigung bedrohte die Rhenser Beschlüsse. Die Kurfürsten beharrten auf ihrem alleinigen Recht, den König zu bestimmen und warnten ihn im September 1344 davor, Clemens um eine Approbation zu ersuchen. Derartiges könne „zum Abbruch und Nachteil Eurer und unserer Würde für immer umschlagen" (zit. nach M. Clauss, 108). Hier ist ein wichtiger Grund zu erkennen, dass die Mehrheit der Kurfürsten Ludwig schon bald absetzte und gemeinsame Sache mit Clemens VI. machte. Am meisten fiel allerdings Ludwigs Territorialpolitik ins

Gewicht. Denn mit Karl IV. wurde ein König erhoben, der noch papsthöriger als der vorherige war.

Nicht Sprunghaftigkeit verursachte erstrangig Ludwigs Scheitern. Wichtiger war der politisch unkluge Ansatz, den er verfolgte. Religiöse Befangenheit verdrängte die Staatskunst; er trennte nicht Königsamt und Dynastie.

Jahrzehntelang fehlte dem Wittelsbacher die Kraft, sich vom Papsttum zu lösen. Die Kurfürsten erstrebten vor allem ein schwaches Königtum. Verbündete gab es für Ludwig nur unterhalb des Fürstenstandes.

Die letzte Drehung der Schraube erfolgte 1345. Dank seiner zweiten Frau Margarete von Holland, die Ludwig 1324 nach dem Tod von Beatrix geheiratet hatte, erbte er Holland, Seeland und Friesland, mit denen er Anfang 1346 Margarete belehnte und diese Besitzungen dem wittelsbachischen Hausbesitz inkorporierte. Seinen Gegnern erschien Ludwig IV. endgültig als zu mächtig.

Der Kaiser betrieb die Hausmachtpolitik in ihrer schlechtesten Variante; die viel zu weit entfernten und zerstreuten Territorien konnte das Haus Wittelsbach nicht wirksam verwalten. Tirol (1363), Brandenburg (1373) und Holland (1425) gingen wie Sand zwischen den Händen verloren, hätten aber als Reichsgut wenigstens teilweise der Königskrone dauerhaft unterstehen können.

Hoffnungslos isoliert verharrte Ludwig auf weiter Flur. Ohne Verbündete in den Reihen des Stadtbürgertums und Niederadels, war der Kaiser Fürsten und Päpsten ausgeliefert. Niemals kam ihm die Idee, Bündnispartner dort zu su-

chen, wo sie zu finden waren. Vermutlich hat der Wittelsbacher die eigene politische Situation nie durchdacht oder
zumindest keine produktive Antwort gefunden.

Die Behauptung vieler Historiker, dass deutsche Könige
allein durch „Konsens" mit den Großen regieren konnten,
ist anfechtbar. Langfristig war ein deutscher Königsstaat
nur *gegen* die Fürsten zu errichten. „Konsens" bedeutete
faktisch, dass sich nicht nur der König, sondern *alle* der
Willkür machtgieriger Fürsten beugten. Lichtenberg kritisierte deutsche Historiker schon 1775 wegen ihres Respekts vor fürstlichen Obrigkeiten!

12.3 Die Absetzung

Ostern 1346 verhängte Clemens VI. letztmalig den
Bannspruch gegen Ludwig: „Verflucht sei sein Eingang
und sein Ausgang. Es schlage ihn Gott mit Wahnsinn,
Blindheit und Tollwut. […] Die Erde öffne sich und ver-
schlinge ihn lebendig" (zit. nach M. Clauss, 108). Clemens ersetzte den Mainzer Erzbischof Heinrich von Virneburg, der Ludwig unterstützt hatte, durch den gehorsa-
men Gerlach von Nassau und förderte Johanns Sohn Karl.

Der Papst erklärte den Kaiser für rechtlos und jedes Amtes unwürdig. Balduin von Trier sprach sich im Mai 1346
gegen Ludwig aus: das Ende nahte.

Die drei geistlichen Kurfürsten, der böhmische und der
sächsische Kurfürst setzten Ludwig am 11. Juli 1346 sym-
bolträchtig in Rhens ab. Karl von Mähren, Karl IV. ge-

nannt, wurde zum neuen König gewählt; ein `Pfaffen-knecht` bestieg hinterrücks den Thron.

Karl scheute sich nicht, dem Trierer Kurfürsten Balduin dankbar Geschenke zu machen. Gänzlich triumphierten die Fürsten und besiegelten den Niedergang des deutschen Königtums. Doch Martin Clauss schreibt, dass nun „das Reich für die Zeit nach Ludwig gewappnet" war (M. Clauss, 114). Dabei ist nicht einmal Clauss entgangen, dass Kurie und Fürsten Ludwigs Königtum zerstört hatten.

Ludwig anerkannte seine Absetzung nicht, sodass erneut ein Doppelkönigtum existierte. Karl IV. blieb im Hintergrund und wartete auf den Tod des Kaisers, der am 11. Oktober 1347 bei einer Jagd tot vom Pferd stürzte. Im Elend hat Ludwig Deutschland vorgefunden; er verbesserte nichts, sondern machte vieles noch schlimmer.

13. Bilanz eines Gescheiterten

Die deutsche Misere hat Ludwig nicht erkannt, geschweige deren Ursachen verstanden. Das Königsamt betrachtete er nicht als staatsmännische Aufgabe, sondern missbrauchte es, um seine Dynastie zu bereichern, statt ihm zugefallene Territorien in Reichsgut umzuwandeln. Selbst wenn er letzteres nur *ansatzweise* erreicht hätte, wäre ihm eine Weichenstellung gelungen. Ludwigs Hausmachtpolitik aber war zum Scheitern verurteilt.

Verbündete gegen die Fürsten hat der Wittelsbacher nicht ernsthaft gesucht. Daher gab es keine politischen Kooperationen mit dem städtischen Bürgertum insgesamt.

Anstelle von Reichstagen rief er Fürstenversammlungen ein (Hoftage). Es bedurfte der massiven, rechtlich festgelegten Berücksichtigung von Städten und Niederadel im Reichstag, um die Staatsidee dauerhaft zu verankern. Immer noch fehlten eine Hauptstadt und die Rechtseinheit, ebenso Reichsverwaltung und Reichsexekutive, die der König benötigte, wollte er den Landfrieden sichern und ein Steuersystem organisieren.

Zwar konnte der Einfluss der Kurie auf das deutsche König- und Kaisertum zurückgedrängt werden. In erster Linie ist hierin das Werk der Kurfürsten zu sehen, die Ludwigs Notlage, die er selbst verschuldet hatte, konsequent ausnutzten, indem sie das Königtum unter ihre Kontrolle brachten.

Die wichtigste Ursache des deutschen Unglücks verkannte Ludwig – die aberwitzige Rom- und Italienpolitik! Sie entzog Ludwigs schwachem Königtum wertvollste Zeit und teure Ressourcen, die für den Staatsaufbau in Deutschland fehlten. Ludwig beschwor einen völlig unnotwendigen Konflikt mit herrschsüchtigen, boshaften Papisten herauf, geriet dadurch in eine massive Abhängigkeit zu den Kurfürsten, während das Papsttum durch die französische Krone überschattet wurde. Zu oft beugte Ludwig, der mit Avignon jahrelang fruchtlos verhandelte, das Haupt vor der Papstkirche.

In Ludwigs Ära schwächten sich Kaiser- und Papsttum erneut gegenseitig. Ein historischer Prozess ging weiter, der bereits am Ende der Herrschaft Friedrichs II. begonnen hatte.

Der Kurfürstenstand siegte, das von ihm dominierte Königtum erlitt enormen Schaden. Spätere habsburgische Kaiser überließen Deutschland meistens den Fürsten.

Das Scheitern Ludwigs IV. als Staatsmann ist nicht auf persönliche Defekte zurückzuführen; es wurzelt in der spezifisch deutschen Neigung zum realitätsfernen Denken.

Hierzu gehört auch das merkwürdige Pendeln zwischen zwei scheinbaren Gegensätzen: territoriale Kleinteiligkeit einerseits und römisch-universales Kaisertum andererseits. Beides sind nur zwei Seiten der *gleichen* Medaille. Das erstere folgt aus einer unrealistischen Selbstisolierung, das zweite ist ein genauso wirklichkeitsfremder Griff in die Unendlichkeit. Die missratene Verfassung des römisch-deutschen Reiches stellte eine Synthese dieser falschen Prinzipien dar. Der Großteil deutscher Historiker nimmt das nicht zur Kenntnis.

Kann man über Ludwig nichts Positives bemerken? Etwas Gutes hat er doch bewirkt. Ludwig unterstützte bedeutsame Denker wie Marsilius von Padua und Wilhelm von Ockham, schwächte die grauenhafte katholische Kirche, deren Macht bröckelte. Immerhin leistete der Kaiser unfreiwillig einen Beitrag zur Verweltlichung der Epoche, auch wenn Ludwig die Tragweite der Theorien eines Marsilius oder Wilhelms von Ockham nicht erkannte.

Die deutsche Geschichtsschreibung über Ludwig IV. ist meines Erachtens den Dingen nicht auf den Grund gegangen. Ludwigs Fehler wurden nicht analysiert, sondern gedanklich wiederholt, beschönigt, gelobt. Wollen deutsche Historiker die verderblichen Konsequenzen der Rompoli-

tik, die den Aufbau eines deutschen Frühnationalstaats unmöglich machte, deshalb nicht herausarbeiten, weil dies
der Obrigkeit missfällt? Möge der Leser selbst beurteilen,
inwiefern Lichtenbergs Kritik an deutschen Historikern
zutrifft.

14. Literatur

Clauss, Martin, Ludwig IV. – der Bayer. Herzog, König,
Kaiser, 2. Aufl., Regensburg 2014

Deschner, Karlheinz, Kriminalgeschichte des Christen-
tums, Bd. 7, Das 13. und 14. Jahrhundert, 3. Aufl., Rein-
bek bei Hamburg, 2017

Lichtenberg, Georg Christoph, Aphorismen, Stuttgart
2004

Menzel, Michael, Die Zeit der Entwürfe 1273-1347,
Gebhardt Handbuch der deutschen Geschichte, 10. Aufl.,
Bd. 7a, Stuttgart 2012

Ders., Ludwig der Bayer (1314-1347) und Friedrich der
Schöne (1314-1330), in: Bernd Schneidmüller, Stefan
Weinfurter (Hrsg.), Die deutschen Herrscher des Mittelal-
ters, Historische Porträts von Heinrich I. bis Maximilian I.
(919-1519), München 2003, 2. Auflage 2018, S. 393-407

Miethke, Jürgen, Kaiser und Papst im Spätmittelalter. Zu
den Ausgleichsbemühungen zwischen Ludwig dem Bayern und der Kurie in Avignon, in: Zeitschrift für Historische Forschung, Bd. 10, 1983, S. 421-446

Schneidmüller, Bernd, Kaiser Ludwig IV. Imperiale Herrschaft und reichsfürstlicher Konsens, in: Zeitschrift für Historische Forschung, Bd. 40, 2013, S. 369-392

Schulze, Hans K., Grundstrukturen der Verfassung im Mittelalter, Bd. 3, Kaiser und Reich, Stuttgart 1998

Thomas, Heinz, Ludwig der Bayer. Kaiser und Ketzer, Graz, Wien, Köln, 1993

Copyright 2026 Rolf Helfert
Verlag: BoD · Books on Demand GmbH, Überseering 33,
22297 Hamburg, bod@bod.de
Druck: Libri Plureos GmbH, Friedensallee 273,
22763 Hamburg
ISBN: 978-3-8423-6712-8